JN439695

유병근 수필담론

유병근 수필담론

-수필의 맥을 찾아-

수필과비평사

■ 머리글

수필을 하는 생각의 바닥에서 서성대는 몇 가지 느낌을 엮었습니다. 담론은 때로 수필의 소재가 되기도 하고 수필문학을 위한 길이 되기도 했습니다. 그러고 보니 수필 속에 수필담론이 있고 담론 속에 수필이 이런저런 눈을 떴습니다.

담론은 날이 갈수록 또 다른 담론으로 이어질 것입니다. 하기에 이 담론을 수필정신의 절대적인 잣대라고는 할 수 없습니다. 수필은 산문으로 직조되니까 산문정신이라는 말을 흔히 합니다. 하지만 수필의 경우는 수필정신으로 정진할 수 있어야 수필이 삽니다.

산문과 수필이 어떻게 다른가를 깨달으면 수필정신이란 언급은 결코 어긋나지 아니합니다. 하기에 이 담론은 수필정신을 기본 잣대로 삼았습니다.

수필에 관한 원론적인 정신과 이론은 어느 이론서든 건축물의 초석처럼 단단합니다. 하므로 초석에 기둥 하나 세우는 심정으로 이 담론을 다루었습니다. 담론을 묶을 수 있도록 허락해 주신 수필과비평사의 서정환 사장님과 편집부 여러분께 깊은 감사드립니다.

2011년 8월

유 병 근

목차

수필로 가는 바람

수필에 매달려 있을 경우 작품 속에 그림자처럼 젖어드는 인문학의 영향을 도외시할 수 없습니다. 그것은 수필을 위한 종합비타민과 같은 이런저런 영양소이기 때문입니다.

김병규는 "수필이 살아남기 위하여는 영역도 확장하고 그 깊이도 추구되어야 한다."라고 「수필의 영역과 문학성」(『수필문학의 이론』, 춘추사, 1991)에서 말합니다.

이를 뒷받침이라도 하듯 수필은 지성의 문학이라고 흔히 토를 답니다. 지성은 특히 인문학에서 싹이 트고 꽃이 핍니다. 지각된 것을 정리/ 통일하여, 이것을 바탕삼아 새로운 인식체계를 형성하는 정신적인 작용을 지성이라고 사전은 말합니다. 그러나 지성만으로는 철학적이며 현학적인 넋두리가 수필의 몫을 딱딱한 화석처럼 밀어붙이기 쉽습니다. 이를 순화시키고자 감각이며 지각에 의하여 지배되는 정신적 체험을 살리는 감성이란 부드러움에 눈을 뜨게 됩니다. 이로써 보면 수필은 지성과 감성이 조화된 문학이라는 의미로 받아들일 수 있습니다.

지성과 감성에는 모두 그 나름의 생명력이 있습니다. 가령 지성을 조화라면 감성은 생화에 비길 수 있을 것 같습니다. 조화는 인위적인 꽃, 즉 꽃을 모방하여 만든 꽃이란 측면에서 생명력과는 무관한 것으로 치부하려 합니다. 반면 생화는 살아있는 자연스런 꽃이라서 그 생명력을 찬탄합니다. 그러나 장미한 송이도 손으로 쓰다듬고 이리저리 만져주는 자상한 노력과 연구가 따를 때 더욱 높은 향기와 아름다움을 자랑하는 꽃이 됩니다.

지성은 감성과 어울려야 비로소 품위 있는 지성이 됩니다. 조화 또한 생화를 닮으려 하되 조화로서의 아름다움과 이지理智를 갖출 때 생명력을 읽을 수 있는 개성 짙은 꽃이 됩니다. 수필의 생명이 지성+감성에서 그 값어치를 하듯, 꽃은 조화+생화의 세계에서 다양한 아름다움과 향연을 음미할 수 있습니다. 조화는 생화를 닮으려 하고 생화는 조화를 닮으려 합니다. 이처럼 지성은 감성을 끌어들이려 하고 감성은 지성을 끌어들이려 합니다.

흔히 수필은 여백의 문학이라는 말을 듣습니다. 여백은 무소유와 같은 여유 있는 정신을 말한다고 보겠습니다. 여백의 아름다움은 어떤 점 동양화가 제 몫입니다. 그렇다면 수필은 동양화의 격에 맞대어 말할 수 있겠습니다. 동양화 속의 여백은 그림 속의 은밀한 상호인력이 되겠습니다. 그림이 차지한 부분과 그림을 그리지 않은 공백 부분은 서로 끌어당기는 힘을 갖습니다. 그 힘에 의하여 그림은 더욱 팽팽한 생동감에 넘칩니다. 붓을 칠 때의 어떤 긴장감에서 우러나온 힘. 그것은 생명력을 뜻하는 폭발하는 절규입니다. 여백은 생명력을 저장하는 공간입니다.

수필은 여백의 문학이라고 할 때의 여백은 곰곰이 생각하는 여유를 말한다고 보겠습니다. 수필가 윤오영은 수필을 곶감에 견주었습니다. 서두르지 않는 느림이 있는 여유 속에는 사유思惟하는 틈새가 있습니다. 수필은 생각과 느낌의 문학이라는 말에 결부되는 여유는 수필과 수필가를 느긋하고 편안하게 합니다. 앞 문단은 뒤 문단을 끌어주고 뒤 문단은 앞 문단을 밀어주고 하는 따위의 아름다움 또한 읽을 수 있습니다. 곶감을 먹을 때와 같은 맛을 음미하라고 수필이 눈을 끔벅거립니다.

여백과 공간에 대하여 사전적인 개념을 다시 짚어봅니다.

*여백 = 종이 따위의 글자나 그림이 있는 이외의 부분.
*공간 = 앞뒤, 좌우, 상하의 끝없이 널리 퍼져 있는 빈 곳.

이렇게 찾아보면 여백은 평면적인데 반하여 공간은 입체적이라는 느낌을 갖게 됩니다. 건축물의 공간이 이를 말합니다. 수필을 만약 여백의 문학이라고 단정한다면 요철凹凸을 생각할 수 없습니다. 음영이 없고 울림이 없는 무기력으로 풀 수도 있습니다. 그런데 이미 말한 바와 같이 문단과 문단은 서로 끌어주고 밀어주는 역동성을 갖습니다. 이는 평면이 아닌 각角의 힘과 그 구성력이 드러납니다. 입체적인 힘의 작용을 문단과 문단이 서로 유지합니다. 울림은 입체적인 면에서 터지는 은근한 미진微震이거나 그 바람입니다. 동양화의 여백 또한 상호인력을 유지하는 공간인 아름다운 울림입니다.

수필은 대개 몇 개의 문단구성으로 직조됩니다. 그것은 몇 개의 입면체로 구성되는 조직체라고 할 수 있습니다. 가령 세 개의 문단이라면 삼각형 구도, 다섯 개의 문단이라면 오각형의 구도로 짐작해 볼 수 있습니다. 다시 말하면 삼각형, 오각형의 울림구도입니다.

이렇게 보면 수필은 여백의 문학을 뛰어넘어 공간미를 도외시할 수 없는 공간예술이라고 하는 것이 어떨까도 싶습니다. 조각, 건축 그리고 무용만이 공간예술이 아닌, 언어로 구사하는 수필 또한 공간개념으로 풀어나갈 때 수필의 새로운 패러다임이 열리지 않을까 싶습니다. 평면에서 입체로의 시각이동은 수필에 보다 다양한 활력소를 안겨 줄 것입니다. 이 또한 수필의 길을 환하고 건강하게 트는 계기가 될 것입니다.

수필은 말하기의 방식에서 보여주기의 형식으로 몸을 바꿀 때 수필의 값에 보다 높은 보람을 가지리라고 봅니다. 말하기는 설명을 능사로 삼으려 합니다. 그 반면 보여주기는 세계를 그냥 펼쳐놓을 뿐 수필가는 사사건건 입을 열고 시시콜콜하게 말하지 아니합니다. 독자가 이런저런 생각을 짚어보고 거기 알맞은 말을 작품에 곁들이는 것입니다. 그림을 그냥 던져 놓기만 하는 샤갈의 경우를 생각할 수 있습니다.

말할 나위도 없이 말하기는 이러저러한 설명입니다. 수필이 모든 것을 설명해 버릴 때 수필은 싱거운 맹물이 됩니다. 그러나 표현은 은근한 암시를 던져 놓습니다. 하기에 독자는 암시에 끌려 수필의 보를 펼치게 됩니다.

수필은 품격의 문학, 선비의 문학이라는 말을 흔히 듣습니다. 수필가에게 가장 매혹적인 이 언사는 수필은 붓 가는 대로 생각나는 대로 형식에 구애받지 않고 쓴다는 말처럼 위험합니다. 그리고 수필을 문학에서 경이원지敬而遠之하는 빌미를 수필가 스스로 제공하는 일이 됩니다. 선비는 지식이 높고 덕망이 높은 깨끗한 자로 인식되니까 함부로 수필에 근접할 엄두를 내지 못합니다. 그와는 달리 지식과 덕망의 마당을 기웃거리며 수필에 발을 들여놓고자 하는 부류도 있을 것입니다. 만약 그렇다면 서글픈 일이지만 수필은 품격을 말하고 선비를 말하는 문학과는 오히려 거리가 멀어집니다.

수필의 길에 들어선 선비이지만 염불에는 뜻이 없고 잿밥만 노린다면 이 또한 따분한 노릇입니다. 잿밥을 차지해야 행세할 수 있는 세상구조는 선비를 선비답게 놓아두지 아니합니다. 아니 선비 스스로 허겁지겁 잿밥을 찾아 혈안이 되는 모순도 있는 세상입니다. 강한 입심은 강한 잿밥에서 나온다고 여깁니다. 선비라는 말이 왜곡된 현실에서 수필은 선비의 문학이라고 할 수 없습니다. 그러면 무엇인가요. 그냥 수필문학입니다. 수필에 흔히 따라붙는 이러저러한 수식어를 액면 그대로 믿을 경우 수필에 쉬이 지쳐버립니다.

인격이니 덕망이니 하는 말은 인간이 지녀야 할 기본소양임을 누구나 다 압니다. 이 기본이 없어 수필을 하지 못한다면 수필가로서 괴로운 일입니다. 선비정신이 드문 세상에서는 선비가 수필을 하는 것이 아닙니다. 수필이 선비정신을 만드는 것입니다. 그런 점 수필은 당차고 장한 힘의 원천입니다.

마을 안에 커다란 팽나무가 서 있습니다. 오래 서 있는 나무는 세상을 꿰뚫어 보고 듣는 눈과 귀를 갖는 선비입니다. 공간예술로 치부될 수 있는 수필도 오래된 나무라고 보아 무방하겠습니다. 달이 뜨면 가슴을 살짝 열어 달을 품어줍니다. 바람이 불면 가지를 흔들어 바람이 가야 할 길을 안내합니다. 세상을 보고 듣는 눈과 귀를 갖는 나무처럼 수필 또한 눈이 밝고 귀가 맑은 정정한 나무입니다.

보고자 하는 마음에는 세상 안의 세상을 깊이 보는 눈이 있습니다. 그러나 보인다고 하는 마음에는 드러난 세상만 보는 눈이 있을 뿐입니다. 듣고자 하는 마음에는 세상 안의 소리를 깊이 듣는 귀가 있습니다. 그러나 들린다고 하는 마음에는 들리는 소리만 듣는 귀가 있을 뿐입니다.

산에서 바다를 보고 듣고 바다에서 산을 보고 듣습니다. 시간과 공간을 초월하는 힘입니다. 인문학으로 연마한 지성과 감성은 언어의 결을 다루는 수필가에게 보다 향기로운 길이 됩니다.

소박하고 정갈한 수필, 그것은 세상을 새롭게 펴는 웅숭깊은 바람입니다.

수필을 보는 눈

1.

사업에 손을 댄 사람은 자나깨나 사업생각만 합니다. 어떻게 하면 더 많은 생산이윤과 소비자에게 더 많은 혜택을 줄 수 있는가를 궁리합니다.

정치 또한 사업가처럼 바른 정치, 향상된 정치의 길을 찾기는 마찬가지입니다. 국가발전의 동력이 정치형태에 있음을 압니다. 사람을 기용하기 위하여 명단을 책상 위에 놓고 이런 사람 저런 사람을 찾아 점을 찍습니다. 이 사람은 실력은 좋은데 덕이 없다, 이 사람은 덕은 있는데 실력이 부족하다, 이 사람은 실력과 덕을 고루 갖추고 있으나 코드가 맞지 않는다, 이렇게 사람을 보다가 딱 맞아떨어지는 인물이 나타나서 덕을 베푸는 정치에 보조를 맞추게 됩니다. 민중은 그런 정치의 길을 믿고 생업에 매달립니다. 정치가에 뒤지지 않는 국가발전과 삶의 질을 끌어올리는 기여를 합니다. 정치만이 나라를 살리는 것이 아니고 민중의 힘이 나라를 살리는 일에 커다란 구실을 하는 셈이죠.

수필을 쓰는 일 또한 사업을 하는 사람, 정치를 하는 사람과 그다지 다름없는 생각을 합니다. 수필의 소재를 찾아 머리를 굴리는데 어떤 어투는 이미 수십 번 써먹어 진부하다며 곱표를 칩니다. 남이 하지 못한 새로운 감각과 언어를 찾아 세계에 눈을 돌립니다.

세계를 본다는 것은 세계와 친근하고자 하는 수필정신입니다. 처음에는 세계의 외면을 보고 차차 낯이 익으면 그 내면으로 들어가 세계와 놀게 되는 친밀감에 잠깁니다. 사람과 사람끼리의 사귐도 그와 그다지 다름없는 일입니다. 눈빛만 보고도 사람을 아는 사람이 있습니다. 목소리만 듣고도 사람을 아는 사람이 있습니다. 그런 안목일수록 사람보기의 달인이라고 하겠습니다.

심리학은 사람보기의 길을 어느 정도 가르쳐 줄 것 같습니다. 그렇다고 심리학이 사람 마음의 움직임과 이치[心理]를 점치듯이 꿰뚫어 보라고 내놓은 학문만은 아니겠지만요.

심리학을 공부한 사람은 사람의 마음을 꿰뚫어 읽을 수 있으니 사람을 쓸 적에도 편리하겠습니다. 하지만 믿었던 사람이 엉뚱한 일을 저질러 윗사람을 곤경에 빠트리는 경우도 있습니다. 이런 때는 심리학이 도움이 되지 못했다며 가만히 있는 학문을 두고 투덜댈지도 모릅니다.

모든 세계는 그 세계가 갖는 내면의 정보가 있습니다. 수필가는 그 정보를 캐고자 세계편이 되어서 눈과 귀를 세우며 바짝 다가섭니다. 마음으로 하는 노릇이지만 세계에 나름대로 말을 겁니다. 이렇게 하는 사이 세계와 친숙하고 그도 흔쾌히 가슴을 열어줍니다. 세계가 고분고분 편을 들어준다고 할까요.

관조라는 말의 뜻이 어렴풋하게나마 트이는 느낌을 비로소 받습니다. 이런 때 수필가는 무당이 된 기분에 들뜹니다. 수필가의 주관적 의지를 개입하지 않고 사물이 보여주는 것을 듣고 보고 읽는 행위가 관조 아니겠습니까.

사물의 형상을 보고 듣는 수필가는 각자 나름대로의 시각과 청각 등 오감에 따르기 때문에 같은 사물이라도 그 보고 듣는 시각기능과 청각기능은 서로 파장이 다를 수밖에 없습니다. 하기에 같은 꽃을 보더라도 갑의 시점과 을의 시점은 서로 딴판일 수 있습니다. 그런 점을 다양성이라고 하겠습니다. 수필쓰기의 다양성이며 개성을 그 다른 시점에서 이야기할 수 있습니다.

수필을 하는 수필가라면 누구나 그의 언어로 씨알이 단단한 수필을 쓰고자 합니다. 그런 노력에 의하여 수필이 향상되고 수필을 읽는 맛이 깔끔합니다. 그런데 씨알이 박힌 좋은 수필의 조건은 말처럼 간단하지는 않습니다. 다음에 열거하는 대목이 간략하기는 하지만 그 씨알을 여물게 하는 길에 다소 도움이 될 것이란 느낌이 듭니다.

● 문장은 간결해야 한다. 글은 짧고 뜻은 길어야 함축이 있고 여운이 있다. 글은 깔끔하고 간결해야 한다.

● 문장은 평이해야 한다. 속뜻은 깊어도 말은 알기 쉬워야 한다. 아무리 어려운 철학적인 유현한 진리라도 표현되는 말만은 알아듣기 쉽게 전달하려는 것이 목적이다.

● 글은 정밀해야 한다. 특히 서사나 묘사에 있어서 혼미하거나 모호한 표현이어서는 안 된다.

● 그리고 솔직해야 한다. 글에 수식이나 과장이나 변명이 필요 없다. 거짓이 없어야 한다.

● 문장은 평범하지 말아야 한다. 평범한 내용을 평범한 문장으로 표현하면 이것은 평이한 것이 아니라 무의미한 것이다.

● 정밀하되 체삽하지 말고 생동해야 한다. 문장이 소창疎暢하되 이미지가 강해야 한다. 솔직하되 담아하고 품위가 있어야 한다.

● 생명이 있으면 호흡이 있다. 산 문장에는 호흡이 있다. 이 호흡이 문장의 리듬이다. 문학에서 음향을 무시할 수 없다.

● 문장에 기복이 있으면 굽이치는 물결에 은파가 번득이듯이 위트가 있을 수 있고, 문장에 농담濃淡이 있으면 자연스러운 유머가 아롱질 수 있다.

— 윤오영, 「문장과 표현」 요약, 『수필문학입문』 관동출판사, 1975.

이 외 많은 책에서 좋은 수필의 조건을 제시하고는 있습니다. 그러나 우선 거칠게나마 이상에 인용한 것으로 좋은 수필을 쓰고 이해하는 길잡이로 간추려 봅니다. 이런 이론을 몰라서 좋은 수필을 하지 못하는 것은 물론 아닙니다. 빠삭한 이론에만 얽매일 경우 수필의 어깨가 자칫 틀에 걸려 굳어질 염려도 없지 않습니다. 이론은 기본 개념입니다. 이론을 뛰어넘을 적에 비로소 그 수필가만의 이론이 움터 수필을 하는 작업에 나름대로의 새로운 싹을 눈뜨게 됩니다.

수필을 하는 일에도 갖가지 전략이 필요함은 불문가지입니다. 전투에 나서는 군인은 전쟁에서 승리하기 위해서 작전계획을 단단히 짭니다. 그 작전계획이 수필가에 있어서는 수필의 전략입니다. 생각나는 대로 붓 가는 대로 쓴다는 안이한 전략은 수필을 자칫 생활주변의 잡기로 제자리걸음이나 걷게 하는 수필쓰기에 지나지 않습니다. 그런 태도를 뉘우침도 없이 문학의 밥상에 올려놓을 경우 수필은 어제나 오늘이나 대접받지 못하는 시큰둥한 장르로 따돌리고 맙니다.

수필가는 무엇이 수필이며 무엇이 산문임을 압니다. 산문은 있는 사실 그대로 보고 쓰는 지식과 정보전달을 위한 내용입니다. 가령 해박한 지식을 나열하고 논리 정연한 논거를 내세워 수필이란 이름으로 덧칠을 하더라도 그것은 수필과는 거리가 먼 개인사의 기록에 지나지 않는 산문입니다.

그러면 수필은 어떤 성격을 지닌 문학인가요. 여기서 잠깐

R.M 알베레스의 말을 귀담아 들을 만합니다. 수필은 지성을 기반으로 한 정서적 신비적 이미지의 문학이라고 그는 말했습니다.

지성은 직관直觀 오성悟性 따위의 지적능력을 뭉뚱그려 일컫는 말이라고 사전은 제시합니다. 하기에 수필을 위해서는 지성으로 완전무장할 것이 요구됩니다. 그에 곁들여 감성과 신비로움이 있는 이미지를 들추는 문학이 수필이라고 보면 좋을 것입니다. 정서와 신비는 수필의 촉감을 만지는 부드러운 윤기입니다.

그러나 이런 언급은 수필의 방향제시 및 수필의 성격풀이에 지나지 아니합니다. 그 방향을 찾아가기 위해서 수필가는 무엇을 해야 하는가를 생각하지 않을 수 없습니다. 길은 다양합니다. 한 가지 길만 갈 수 없다는 것에 수필의 어려움이 따릅니다. 때로는 꺾이는 길목, 좁은 골목도 있습니다. 하지만 수필 본래의 성격에서 벗어날 수 없다는 것에 수필을 하는 애꿎은 고민이 끼어듭니다. 탈수필脫隋筆 반수필反隨筆이라고 가령 외치더라도 수필 본래의 모습을 저버릴 수는 없습니다. 인간에게 인간의 숙명이 있듯 수필에게도 수필의 숙명이 있지 않겠습니까.

2.

어릴 때는 개울에서 천렵을 즐기면서 해를 보냈습니다. 그 천렵은 글의 소재가 되기도 합니다. 한 마리도 잡히지 않는 개울에서 그래도 즐거웠습니다. 글 한 편을 마무리짓는 데 몇 년

이 걸렸다는 푸념이 들리기도 합니다. 그것은 그때의 기억을 길어올려 비로소 수필로 가꿀 수 있었음을 말합니다. 이 길어올린 상태를 재생적 상상이라고 말할 수 있겠습니다.

천렵을 소재로 수필을 썼다면 그 소재가 몇십 년 동안 수필가의 기억 메모리에 고여 있었다는 말이 되겠습니다. 기억 속에 있던 천렵이 어느 날 수필의 소재로 떠올라 천렵►수필이라는 창조적 상상이란 창을 여는 셈이죠.

수필을 쓰게 되자 글이 되지 않아 애를 먹는 날도 수없이 있습니다. 그런 때 수필가는 한 마리도 잡지 못하던 개울을 생각합니다. 글이 되지 않는 날은 사전을 뒤적이거나 알맞은 세계를 찾아 눈을 두리번거립니다. 그럴수록 세계는 물고기가 돌무더기 새로 깊이 숨듯 소재는 전혀 나와 주지 아니합니다. 재생한 상상을 새롭게 엮어나가는 창조적 상상에로의 길이 그렇게 순탄치 않음을 절감합니다. 그래 이번에는 개울에 단단히 그물을 치듯이 세계를 이것저것 공책에 옮겨 봅니다.

그러면 글의 세계란 무궁무진하다는 생각에 끌립니다. 그런데 왜 글은 쓰지 못하나요. 한마디로 그 세계와 수필가 사이에 절실한 공감대가 이루어지지 않은 탓입니다. 수필에 가족 이야기가 많은 것은 그만치 쉽게 공감대가 형성되기 때문이라고 하겠습니다. 뒤늦게야 그걸 깨닫고 이것저것 세계에 눈을 돌리는데 이미 때가 늦었다고 세계가 수필가에게 냉담한 가위표를 칩니다.

돌이켜 보면 세계를 주렁주렁 늘어놓기만 했을 뿐 어느 것 하나 진지하게 생각하거나 다정하게 쓰다듬지도 않았습니다. 글을 쓴다면서 어설픈 소재주의에 머물고 있었습니다. 수필을 쓰기 위하여 이 세계 저 세계의 이름을 들춥니다. 이 세계는 진부하다, 저 세계는 까다롭다, 이렇게 수필가는 더듬더듬 세계를 짚어갑니다.

글을 쓰지 못한 서운함은 겉보기만의 처리에 눈이 가 있었기 때문입니다. 미련하게도 세계에 엉뚱한 퇴박을 놓기만 했습니다. 조금 더 깊이 읽고 생각하고 다정하게 쓰다듬었더라면 하고 뉘우치지만 번번이 길은 어긋났습니다.

세계마다 한 편씩의 글이 된다면 그 글을 어디에 다 담을 것인가 하고 철없는 걱정을 하던 때도 있었습니다. 이것저것 닥치는 대로 쓰면서 시간을 까먹은 때도 다반사였습니다.

수필쓰기의 전략은 무어니 해도 많은 독서를 하고[多讀] 많은 글을 써보고[多作] 끊임없이 많은 생각의 집을 짓고 헤아려 보라[多商量]는 것이 그 내용입니다. 아무리 두터운 수필지침서라도 이 세 마디를 제외한 다른 말은 장식에 지나지 아니합니다. 하지만 맛깔스런 음식에 장식이 필요하듯 맛깔스런 수필을 위해서는 장식적인 알맞은 토의가 수필을 위한 가르침이며 길이 되었습니다.

지성의 문학이라는 말 속에는 교양이란 과목이 필수적으로 따릅니다. 즉 풍부한 경험과 지식이 수필을 하는 길에 음으로 양으로 밑거름이 된다는 말은 몇 번을 거듭 강조해도 귀담아 들어야 할 대목입니다. 폭 넓은 견문과 인문학의 학습으로 무장하는 것이 급선무인 것 같습니다.

수필은 세계를 새롭게 보고 새롭게 인식하는 문학임은 새삼 거론할 필요도 없습니다. 이를 위하여 비유와 상징, 객관적 상관물과 공감각적 이미지를 원용할 궁리를 합니다. 낡은 틀에서 벗어나자고 신선한 감각이며 신선한 언어탐구에 안간힘을 씁니다. 말 비틀기로 언어를 힘들게 했습니다. 험한 길이지만 어차피 벌인 밥상입니다.

> 산과 골짜기에 깔린 암흑은 어둠이라기보다는 숫제 검은 옷 같았다. 그 속에 담긴 고요가 얼마나 클 것인가 하고 마음이 끌렸다. 거기에 안기는 안도감이 나를 유혹하는 것이었다.
>
> — 김병규, 「어둠의 유혹」 부분, 『목탄으로 그린 인생론』 문학세계사, 1982

> 아버지는 주루막을 지고 계셨다. 주루막 안에는 정성들여 한지에 싼 유적肉炙과 술 항아리에 용수를 질러서 뜬, 제주祭酒로 쓸 술이 한 병 들어 있었다. 작은증조부께 올릴 세의歲儀다. 엄동설한 저문 강변에 세의를 지고 꼿꼿이 서 계시던 분의 모습이 보인다.
>
> — 목성균, 「세한도歲寒圖」 부분, 『한국의명수필.2』 을유문화사. 2005.

'어둠'을 '검은 옷'으로 보는 시각과 '저문 강변에 세의를 지고 꼿꼿이 서 계시던 분'을 추사의 세한도에 비기는 수법이 수필의 몫입니다. 새로운 시각이 있고 새로운 분위기가 깔려 있어 수필이 훌륭한 문학이라는 말을 들을 수 있습니다. 수필은 아무나 쓰는 글이되 가령 어둠을 옥이라고 볼 줄 아는 사람, 강변에 세의를 지고 꼿꼿이 서 있는 사람을 세한도로 은근슬쩍 비유할 줄 아는 사람이 쓰는 글입니다. 새로운 세계 발굴, 새로운 감각이 요구된다는 뜻입니다.

아무나 편하게 붓 가는 대로 쓰는 글이 수필이다, 진지한 문학과는 한참 거리가 멀다, 등 수필을 만만하게 보고 난도질하는 세상입니다. 강단에서 수필을 가볍게 여기던 발언자가 그 자리에서 물러난 뒤 수필에 고개를 내밀어 끼어드는 경우도 어쩌다 볼 수 있습니다. 뒤늦게나마 수필은 만만하게 볼 문학이 아니란 것을 깨닫는다면 다행입니다.

수필가는 수필의 맥을 찾아 밤낮 고민합니다. 다른 장르를 못해서 수필가가 된 것은 아닙니다. 수필문학을 하고자 수필가라는 이름을 갖게 된 것입니다.

소재에서 주제로

사과나무는 열매를 갖기 위해 뿌리에는 뿌리의 두레박, 꽃에는 꽃의 두레박, 잎에는 잎의 두레박, 줄기에는 줄기의 두레박을 매답니다. 그 두레박으로 땅속의 영양분을 길어 올립니다. 땅속의 것만이 아닙니다. 꽃과 잎의 두레박으로 햇빛과 달빛 그리고 별빛을 받아들입니다. 때로는 비와 바람을 받아들입니다. 한 시절의 눈바람과 찬 서리, 천둥번개를 이겨내기도 합니다.

수필은 그 수필가의 두레박으로 받아들인 한 시대의 정신입니다. 그 도저한 투지이며 표현이며 삶입니다.

햇빛과 별빛은 사과나무의 두레박에 담겼습니다. 눈바람과 찬 서리 그리고 천둥번개 또한 사과나무의 두레박에 넘쳤습니다. 그것은 사과라는 주제를 위한 사과나무의 영양소인 소재가 되었습니다.

사과 말고도 능금이란 말도 있지 않습니까. 사과란 어감도 좋지만 능금이란 어감 역시 그럴듯합니다. 사과를 깨무는 입안에 고이는 달콤한 맛을 생각하다가 능금을 깨무는 맛 또한 생각합니다. 그런 과일 아니고도 감, 밤, 배 그리고 자두 같은 어휘를 생각해 봅니다. 하지만 어감은 사과나 능금만큼은 감각적이지 못하다는 느낌이 듭니다. 감각이니 어감을 따지자는 것은 아니지만 그렇습니다.

사과라는 수필을 위해 사과밭에 가서 탐스러운 눈부심과 맛을 직접 겪을 수 있습니다. 체험의 문학이란 말에 끌려 발품을 팔게 됩니다. 그러나 굳이 사과밭에 가지 않아도 과일가게에 소복소복 쌓인 사과를 볼 수도 있습니다. 아니 홍조가 아름다운 여인의 얼굴에서 사과를 떠올릴 수도 있겠습니다. 사과만 사과는 아닙니다. 아침 바다위로 떠오르는 해는 크고 눈부신 탐스러운 사과입니다.

이렇게 말을 하고 있으니 사과 한 알을 와싹 깨무는 환상에 잠깁니다. 달짝지근한 맛과 조금은 새콤한 맛에 입 안에 침이 고입니다. 덩달아 스르르 눈이 감기기도 합니다. 온몸으로 사과를 음미하는 것이라고 적어봅니다.

수필은 사고의 다양성에서 돋보이고 사고의 단순성에서 바닥이 뻔히 보인다는 생각이 듭니다. 사과나무가 한 알의 사과를 매달기 위해서 몸 전체에 많은 두레박을 매달 듯 수필가도 상상력의 두레박을 몸 전체에 매달아 사고의 다양성을 배양하는 것이 좋지 않을까 싶습니다. 몸 전체가 수필을 위한 두레박이 되는 셈이죠. 두레박을 몸에 매단 수필가를 생각해 봅니다. 그 두레박이란 떠오른 생각을 언제든 필기할 수 있는 연필이나 볼펜입니다. 한 장의 백지거나 노트입니다. 그런 걸 수필가의 무장이라고도 하겠습니다. 길을 가다가 떠오른 생각을 휴대폰에 찍을 수 있는 그 행복감! 그것이 수필정신이라고 우긴들 누가 뭐라 하겠습니까.

자물쇠를 가슴에 차고 거리를 활보하는 자물쇠장수를 본 적이 있습니다. 거리의 악사가 아닌 거리의 자물쇠장수였습니다. 자물쇠를 팔기도 하고 고장 난 자물쇠를 고쳐주기도 했습니다. 아무리 먹통이 된 자물쇠라도 그 장수의 손을 거치면 단번에 열렸습니다. 자물쇠장수는 그 몸이 자물쇠이며 열쇠였습니다. 수필을 하면서 대상의 내면을 자물쇠장수처럼 열 수 있었으면 하는 생각도 들었습니다.

귀한 소재는 귀하고 좋은 수필이 될 수 있는 길이 된다고 합니다. 그럴듯한 이야기이기는 합니다. 하지만 아무리 흔한 소재라도 다루는 솜씨에 따라 귀하고 좋은 소재에 뒤지지 않는 향기 있는 작품이 되는 것을 볼 수 있습니다.

소재의 불변성과 가변성을 생각하기도 합니다. 어느 시대나 변함없이 존재하는 소재가 있는가 하면 시대에 따라 변하는 소재도 있습니다. 예컨대 사람이 아끼는 자연은 예나 이제나 한 결같이 존재하는 불변성의 소재입니다. 그 반면 과학문명에 따른 소재는 시대에 따라 부침하는 가변소재이기도 하겠습니다. 해와 달 그리고 별, 바다와 산, 구름과 눈과 비 등 많은 소재는 인류와 함께하는 소재입니다. 하지만 과학문명에 따른 소재는 과학의 발전과 더불어 망각되고 새로 태어납니다. 한때 잘 나가던 타이프라이터는 사라지고 컴퓨터가 그 자리를 냉큼 차지했습니다. 서운한 일이지만 타이프라이터는 박물관에나 가서 앉아 있어야 합니다. 어느 날 어느 수필가는 박물관 구석에서 타이프라이터를 알아내고 수필로 쓸지도 모릅니다. 잃어버린 삶을 되찾는 구세주가 수필가이기도 합니다.

소재를 보는 눈도 물론 달라집니다. 수필문학이 한자리에 고정되지 않고 시대와 더불어 새로워지고 있는 점을 소재의 변화와 함께 읽어볼 수도 있습니다.

우리 주변에 흔한 꽃은 흔한 만큼 진부한 소재로 따돌리기 쉽습니다. 하지만 그것을 해석하고 느끼는 수필가의 깊은 사색에 의하여 새로운 감흥을 일으키는 소재로 탈바꿈됩니다. 아주 가까운 곳에 소재는 있다고 흔히 이야기합니다. 그런데 그 가까운 소재가 미처 보이지 아니합니다. 고정관념에 젖어 있기 때문이라고 말합니다. 하지만 그 고정관념의 두꺼운 뚜껑을 들어낼 때 소재는 뜻밖에 그 뚜껑 속에 오글오글 웅크리고 있음을 알 수 있습니다. 비로소 수필가의 따뜻한 눈길이 그 웅크린 것에 닿습니다. 보이지 않는다고 따돌린 소재가 참신한 소재로 탈바꿈합니다. 보이지 않던 것에서 보이는 것에로 새로운 모습을 드러내는 것이 소재입니다. 그것을 아는 자가 수필가입니다.

아내는 활짝 웃으면서 꽃눈과 잎눈도 구별하지 못하느냐며 핀잔을 준다.

"이거 봐, 분명히 꽃망울 맺힌 거 맞잖아? 뾰족하지 않고 타원형이잖아–."

"당신이 가리킨 것은 잎눈이고 이쪽이 꽃눈이에요."

"무슨 소리야? 분명히 꽃눈인데…, 그럼 내기 할까요?"

"그래요, 그럼 진 사람이 뭐해 줄 건데?"

"내가 지면 동백꽃으로 유명한 오동도를 구경시켜 주지."

내기에 내가 지고 말았다. 일에 쫓겨 잊어버리고 있다가 언젠가 보니 타원형에 가까웠던 것이 한 켜씩 이파리를 펴 나가고 있었고 다른 것은 조금씩 둥글어지면서 꽃을 잉태해 키워나가고 있었다.

비바람, 눈서리 모진 겨울을 이겨내고 붉게 피워내는 꽃. 그걸 초여름부터 준비하는 치밀한 자연의 법칙에 다시 한 번 숙연한 마음.

차나무과에 속하는 늘푸른 키나무. 산다화山茶花라고도 부르는 동백. 다른 식물들이 활동하지 않는 겨울에 타는 듯 붉은 꽃을 피우는 정열의 꽃.

아내와의 약속을 지키지 못한 채 오늘 혼자 망연히 동백을 바라본다.

— 서정환, 「동백꽃 사연」 부분, 『선수필』 2006, 여름호

소박한 소재입니다. 그러나 소재를 요리하는 솜씨는 결코 소박하지 아니하고 깊은 사색과 정서적 묘사를 깔고 있습니다. 아내와의 대화 처리에서도 동백꽃 화분 앞에 선 화자인 수필가 서정환의 모습이 눈앞에 어른거림을 지울 수 없습니다. 대화체보다는 지문으로 표출하는 것이 좋겠다는 것이 수필에서의 일반론이라고 합니다. 하지만 수필의 효과 상승을 위해서는 알맞은 장면에 대화체를 운용하는 것이 언어경제 측면에서 보다 절제된 수법이 되는 보기라고 하겠습니다. 뿐만 아닙니다. 상기 작품의 결미처리는 매섭도록 깊고 은은한 여운을 풍깁니다. "다른 식물들이 활동하지 않는 겨울에 타는 듯 붉은 꽃을 피우는 정열의 꽃."에서 단락을 나누어 "아내와의 약속을 지키지 못한 채 오늘 혼자 망연히 동백을 바라본다."라고 처리한 솜씨에서 가슴을 아리게 하는 긴 여운을 문단과 문단 틈새에 깔아 놓았습니다. 이런 것이 소재를 다루는 기발한 수법이라고 하겠습니다. '타는 듯 붉은 꽃'과 '혼자 망연히'라는 구절이 갖는 비의秘意 또한 수필읽기의 애잔한 맛과 기쁨이라고 하겠습니다.

소박한 소재이지만 소재를 풀어내는 수법에 따라 수필의 감칠맛을 깊이 음미할 수 있어 수필문학의 길을 더욱 보람차게 합니다.

생활내면을 깊이 성찰하고 깊이 성찰한 것을 새롭게 느끼고 읽는 것이 수필이라고 에둘러 말할 수 있겠습니다. '깊이'란 말할 나위도 없이 감동이 잠겨 있는 감동의 웅덩이라고 하겠습니다. 「동백꽃 사연」은 동백꽃 망울 속에 깊고 아늑한 웅덩이를 가지고 있다면 어떨까요. 수필읽기는 그 웅덩이의 비의를 두레박으로 길어 올리는 일이기도 하겠습니다.

> 어느 날 대단한 변의를 느낀 끝에 오래간만에 시원스런 통변을 해보았다. 얼마나 마음이 상쾌한지 몰랐다. 아마 권태기에 든 아내와의 그것에서 느끼는 쾌감보다 상위라고 하면 과장이랄 사람도 있을 것이다. 이때만은 공중변소가 퍽 고마운 존재로 여겨졌다. 지저분하다는 생각을 버려야 되겠다. 사실 이 곳에서 공중변소처럼 좋은 일을 맡고 있는 곳도 없을 줄 안다. 그 많은 사람들의 배설을 다 용납하고 있다. 심지어 벽에까지도 온갖 낙서를 해도 그것 또한 심리적 배설인 만큼 미소로 용납해 주고 있다.
>
> 나는 공중변소를 어느 창부 같다고 생각해본다. 아내도 애인도 없는 사내들이 찾아와서 카타르시스를 하면 다소곳이 받아주고 또 기다리는 그러한 너그러운 창부 말이다. 어느 땐가는 그들이 자기만의 애인이나 아내를 찾아 떠나가기를 기도하는 자세로 있는 것이다.
>
> — 박연구, 「변소고」 부분, 『다시 읽는 우리 수필』 김종완 편저, 을유문화사, 2004.

박연구 수필가의 경우 수필쓰기는 일종의 배설작용이라고 하겠습니다. 하지만 그 배설은 「변소고」에서 보듯 그렇게 편안한 것만은 아닙니다. 흔하게 대할 수 없는 소재를 수필로 승화시키고 있는 점이 특히 그렇습니다. 작품 속에 감추어진 글의 뻐대는 무른 듯 단단합니다. 산업사회로 진입하는 경제구조에 맞추어 농촌인구는 도시로 밀려듭니다. 「변소고」는 1969년에 창작되었다고 평론가 김종완은 상기 책, 『다시 읽는 우리 수필』에서 말하고 있습니다. 이렇게 연대를 내세운 것은 시대상을 나타내기 위함이라고 하겠습니다. 이농현상과 인구의 도시집중 현상이 빚은 희극 같은 비극이라고 할 수 있겠습니다.

똥을 풀 때는 똥바가지를 사용합니다. 그 똥바가지 또한 두레박입니다. 그 두레박으로 수필을 길어올렸습니다. 아무나 쉽게 떠올릴 수 없는 소재를 다룬 것은 수필가의 치열한 수필정신에 기인함이라고 보아 결코 무리는 아니겠습니다. 변소는 인간생활과 가장 가까이 있으나 누구나 쉽게 다루려 하지 않는 소재입니다. 구린내와 똥이 떠올라 근접하기를 달갑게 여기지 않는 소재입니다. 누구나 쉽게 다루지 않기에 더욱 가치 있는 소재 아니겠습니까. 그것을 수필로 승화시킬 줄 아는 수필가의 수필정신에 감탄합니다. 똥은 말할 나위도 없이 미학美學으로 승화됩니다.

보기로 든 「동백꽃 사연」과 「변소고」는 소박한 소재와 특이한 소재란 점에서 눈길을 끌기에 충분하다고 보겠습니다.

누구나 뻔히 아는 소리이지만 소재를 알맞게 엮어 주제를 끌어내고자 하는 그물치기가 수필이라는 문장쓰기입니다. 멸치를 잡는 어로작업을 본 적이 있습니다. 그 어로 방법을 끌망이라고 하는 말을 들었습니다. 두 척의 배가 그물을 양쪽에서 나란히 끌어오는 것이었습니다. 그 그물 속에 든 멸치는 꼼짝 못하고 그야말로 일망타진이란 표적에 걸립니다. 바다를 훑어오는 듯한 어로 방법에서 수필의 구조 같은 것을 생각하기도 했습니다. 그물을 끌고 오는 두 척의 배는 두 개의 문단이었습니다. 문단과 문단 사이에 주제를 노리는 그물이라는 장치가 깔립니다. 그 장치에 멸치가 걸려들었습니다. 일방적인 억지 같지만 멸치는 끌망 어로작업에서의 주제란 생각도 들었습니다.

주제[중심사상]를 끌어내기 위하여 수필가는 그 주제와 접목되는 몇 개의 이야기보따리를 풀어야 했습니다. 한 문단과 또 다른 문단과의 충돌로 새로운 구성미, 새로운 신선감과 충격을 구현하는 기법을 생각할 수 있다는 말이 되겠습니다. 두 개의 각각 다른 물감으로 하나의 새로운 분위기를 창출하는 물감의 탄생 같은 것을 말한다고 해도 되겠습니다. 수필가도 언어와 언어를 교합하여 새로운 언어의 빛깔을 창출하는 노력이 필요할 것 같습니다. 그것이 우리 언어를 사랑하는 길이며 우리 언어를 보다 새롭고 풍부하게 가꾸어 나가는 수필의 길이 되겠습니다.

또 다른 말을 끌어오자면 주제란 병아리와 같다고 할까요. 달걀을 품는 어미닭의 따뜻한 사랑으로 달걀은 비로소 병아리가 되어 껍질을 깨고 나옵니다. 그런 점 어미닭의 사랑이라고 하는 문단, 그 인내심이라고 하는 문단의 틈새를 깨트리고 나오는 병아리는 수필에서의 주제가 되어 탄생합니다. 비유가 다소 거칠기는 하지만 그렇게 볼 수 있다는 점에서 수필의 또 다른 맛을 짚어보고자 합니다.

수필가의 몸과 마음은 수필문학을 위한 두레박입니다. 그 두레박으로 수필의 소재를 길어 참신한 수필문학을 꽃피우고자 하는 것입니다.

소재는 말할 나위도 없이 글감입니다. 글감이 없어 글을 쓰지 못한다는 말을 가끔 들을 수 있습니다. 글감은 천지사방에 지천으로 깔려 있다고 하는데 그 지천으로 깔린 것이 눈에 잘 띄지 아니합니다.

단추를 달려고 바늘을 챙기는데 바늘이 없습니다. 바늘꽂이와 실꾸리 여기저기를 마구 뒤집니다. 그런 틈새에 어디서 전화가 옵니다. 전화를 받는 사이 바늘을 찾던 일은 깜박 잊어먹습니다. 전화는 바늘 같은 건 잊어버리라고 하는 것 같습니다. 나중에 일어난 일은 처음 일어나는 일을 잊어버리라고 하는 신호라는 생각에 잠길 때도 있습니다. 살면서 수없이 잊어버린 일이 있습니다. 만약 모두 쌓여 있었다면 그 쌓인 무게에 짓눌려 생각의 키는 오히려 줄어들었을지도 모르죠. 저수지의 물을 채우기만 하고 흘려 보내지 않는 경우가 떠오릅니다.

수필을 쓴다는 것은 가슴에 맺힌 것을 풀어내는 일입니다. 생각의 저수지에서 뽑아 올리는 일입니다. 그건 정신의 몸을 건강하게 만드는 길입니다. 수필은 사람의 몸과 정신을 바로 세우는 처방입니다.

감동과 충격

감동은 새로움과 아름다움에서 일어나는 마음의 움직임이란 건 다 아는 사실입니다. 누구나 뻔히 아는 소리는 감동의 몫이 되지 못합니다. 지루하기만 하지요. 부석사의 석축은 가로줄쌓기와 허튼쌓기로 관람자의 눈을 끕니다. 석축의 아름다움입니다. 석축을 쌓아올리던 옛 사람의 숨결이 거기 있고 이끼가 있습니다. 이끼는 역사를 말합니다.

지루한 것은 수필의 몫이 아닙니다. 수필가는 새로움을 꿈꾸며 찾아가는 즐거운 여행자입니다. 어느 자리에서였습니다. 모임을 주선하는 분이 지루한 이야기를 길게 늘어놓아 모임은 맥빠지게 끝나고 말았습니다.

감동에 곁들여 충격이란 말이 떠오릅니다. 충격요법이란 말 또한 새삼 들춥니다. 충격요법에 의하여 정지되었던 심장이 되살아났다는 감동적인 말을 들은 적이 있습니다.

기쁘거나 즐거운 일에 감동이 따르는 건 그 기쁨이 아름답기 때문입니다. 수필을 읽고 기뻐하거나, 아름다운 풍경을 보고 마음이 출렁였다면 그것이 감동 아니겠습니까. 하지만 충격은 불행하고 안타까운 장면에 주로 작용되는 것 같습니다.

① 그 소식은 매우 감동적이었다.

② 그 소식은 매우 충격적이었다.

위 경우 ①은 감동 즉 기쁨이 따릅니다. 아름다움과 설렘이 따릅니다. 그러나 ②의 상황은 매우 심각합니다. 충격이라는 말 속에는 아픔과 비탄 그리고 놀라움이 들어 있어 보입니다. 물론 그러지 않는 경우가 있기는 합니다. 함으로 감동과 충격은 서로 다른 파장을 거느립니다. 감동과 충격이라는 파장을 가령 그래프로 나타낼 수도 있겠습니다.

충격은 날이 뾰족한 삼각파형 같은 것이 아닐까 하는 생각입니다. 그렇다고 아픔과 비탄 속에는 충격만 있고 감동은 없느냐하면 그렇지도 아니합니다. 슬픔 가운데도 감동이 있습니다. 비탄미, 비장미 같은 아픔이 감동이란 파장으로 밀려오기도 합니다. 감동을 보다 구체적으로 드러내기 위하여 수필의 한 대목을 음미하고자 합니다.

아무리 보아도 석공은 아니었던 것 같다. 재주를 자랑한 흔적도 없고 돈 냄새도 풍기지 않는다. 도무지 계산속이 보이지 않는다. 열흘도 좋고 한 달도 좋다. 마음속에 잠든 고운 임을 모셔 내듯, 그런 정성으로 쪼아낸 작품이다.

그렇지 않고서는 저렇듯 구구절절이 사람의 마음을 잡고 놓지 않을 리가 없다. 어찌 보면 어떤 착한 머슴이 마음속으로 흠모하던 주인집 젊은 마님을 위해 만든 것도 같고, 또 어찌 보면 길을 가던 나그네가 하룻밤 묵은 주막집 여주인의 정이 하도 따스워서 그냥 떠날 수는 없고, 마음의 한 자락이나마 남기고자, 한 조각 한 조각 쪼아서 만들어 놓은 것도 같다.

그것도 아니라면 나이 지긋해서 결혼한 한 지아비가 첫 애기를 잉태한 아내의 몸매가 하도 대견스럽고 고마워서 이렇게라도 돌에다가 옮겨놓지 않고는 못 배길 것 같은 그런 절실한 마음에서 만들어 놓은 것인지도 모를 일이다.

— 손광성, 「돌절구」 부분, 『달팽이』 을유문화사, 2000.

돌절구를 구입한 화자는 '트럭의 조수석에 앉아서도 뒷문으로 자꾸만 눈이 갔다. 예쁜 색시 가마 태워 오는 신랑의 마음'을 수필의 서두에 앉힌 것만 읽어도 돌절구를 구입한 화자의 흐뭇한 마음의 움직임이 보입니다.

더구나 돌절구를 만들었을 석공을 여러 가지 측면에서 상상하는 장면은 상상력이 차지하는 수필의 힘을 능히 짐작게 합니다. 그런 상상력의 흐름이 자연스럽게 이어집니다. '첫 애기를 잉태한 아내의 몸매가 하도 대견스럽고 고마워서' 아내의 배를 돌절구로 표현했을 지아비의 마음이 그대로 돌절구에 어른댑니다. 미학이 따로 있지 않다고 봅니다. 돌절구를 지을 줄 아는 석공, 그것을 읽을 줄 아는 수필가의 예리한 눈빛 속에 미학이 있지 않겠습니까.

닫힌 마음의 문은 아름다움을 보는 순간 활짝 열리고 파도처럼 출렁이는 탄성이 가슴 밑바닥에서 터집니다. 아름다운 풍경을 보고 와! 탄성을 지릅니다. 미인을 본 마음속에는 그 미인의 영상이 마음의 인화지에 오래도록 찍힙니다. 어느 누가 사회를 위하여 거금을 내놓았다는 뉴스를 듣고 찬탄합니다. 그 마음과 손이 그지없이 아름답기 때문입니다.

감동은 마음 밖으로 크게 나타나는 기쁨과 놀라움이 있는가 하면 속으로만 울렁이는 감동도 있습니다. 밖으로 드러나는 감동은 눈에 보이는데 속으로만 꿈틀대는 감동은 눈에 확 띄지 않아 은근합니다.

흔히 백열등 같은 감동이니 형광등 같은 감동이니 하는 말을 듣습니다. 글을 읽는 순간 가슴 벅차게 받아들이는 감동을 백열등감동이라고 한다면 글을 읽고 어느 정도 시간이 지난 다음에 받는 감동은 형광등감동이라고 할 수 있겠습니다.

통영 남망산에 올라갔을 때입니다. 아름다운 해안선의 굴곡을 따라 오밀조밀하게 뜬 작고 큰 섬을 보면서 와! 소리를 질렀습니다. 아름다움이 가슴에 벅차오르는 탄성이었습니다. 그러나 경주 감은사에 갔을 때는 두 개의 둔중한 삼층탑과 절이 들어앉았던 초석을 보면서 별다른 감동은 일어나지 않았습니다. 하지만 감은사의 내력을 알고는 은근한 감동의 물살에 가슴이 젖었습니다.

아름다운 풍경이나 꽃에서 받는 감동은 약효 빠른 달콤한 주사약이었습니다. 그 반면 옛 절터며 고적지에서 받는 감동은 처음 음미하는 녹차 맛처럼 싱겁고 어떤 점 밋밋하기조차 합니다.

수필은 담담하고 편안하고 읽기 쉬워야 감동전달이 빠른 좋은 글이라고 합니다. 그것이 일반적인 수필에 대한 고정관념이며 견해입니다. 하지만 대상을 깊이 생각하고 음미하는 수필도 있지 않겠습니까. 수필은 가볍게 쓰고 버리는 일회용 우산이 아닙니다. 바람에 후딱 뒤집혀 날아 가버려도 아깝지 않은 우산이 아닙니다. 하기에 구태의연한 견해만 믿고 수필을 한다면 수필은 언제나 일회용 우산 신세를 면하지 못합니다.

> 아내는 이미 각오하고 기다리던 자리 위에 누워 있었다. 곧 산파가 달려왔다. 모든 것을 그에게 맡기고 사랑방에 들어가 아들인 경우의 이름을 생각하면서 자리에 누웠다.
>
> 신음하는 소리에 잠이 깨었다. 산파의 기구가 달그락거린다. "으아아, 으아아!"새 사람의 첫 울음소리다. 뒤를 이어서 뭐라고 하는 말인지 짤막한 대화가 있더니 아내의 긴 한숨소리가 들린다. 잠깐 고요하다. 갓난아이의 울음소리가 또다시 들려온다. 그 소리에 섞여서 어른의 흐느끼는 소리가 나지막하게 들린다. 나는 그것이 무엇을 의미하는지를 알았다. '순산이면 그만이지 무엇을 더 바라느냐.'는 광식이 할머니 철학을 생각하였다.
>
> — 김태길, 「삼남삼녀」 부분, 『창문』 범우사, 1976.

충격적인 장면입니다. 이런 걸 충격적인 감동이라고도 하겠습니다. 화자는 이미 두 번째 여식을 갖고 세 번째는 틀림없이 아들이라는 동양철학적 암시와 서양과학에 의한 암시를 받았습니다. 그렇게 알고 아내의 해산을 기다립니다. 그러나 결과는 '어른의 흐느끼는 소리가 나지막하게' 산실에서 들려옵니다. '그것이 무엇을 의미하는가를 알았다.'고 하는 화자의 심경은 차라리 담담합니다. '광식이 할머니'의 언질이 담담함을 가르쳐 주었다고 하겠습니다. 순리에 따르자고 마음을 다집니다. 「삼남삼녀」는 세 번이나 아들이라는 말에 속아 넘어간 세 딸의 아버지 이야기입니다. 그런 허전함이랄까 아픔이랄까 하는 여운이 제목에 깔려 있습니다. 제목만 읽을 경우 삼남삼녀 즉 여섯 자녀를 둔 화자의 이야기를 연상할 수 있습니다. 태아를 아들로 본 것이 세 번이나 어긋나고 딸이었음을 시사하는 제목이 우선 수필의 맛을 은근히 일깨웁니다. 아들을 기대했으나 아들을 갖지 못한 심경을 고백한 진술내용은 아름다운 충격으로 가슴에 찍힙니다. 수필의 품격을 이야기할 수 있는 좋은 본보기라고 하겠습니다.

수필은 대상의 내면을 읽고 천착하는 원음재생장치입니다. 수필을 구성하는 문장은 원음을 재생시키기 위한 갖가지 언어란 부품으로 구성되는 이러저러한 회로망입니다. 수필을 읽고 음미하는 것은 그 회로망에서 울려나오는 원음을 듣고 감상하는 일입니다. 성능 좋은 오디오는 기발한 원음재생회로를 갖습니다.

시는 이미지에서, 소설은 테마에서 감동의 몫을 지닌다고 합니다. 그러면 수필은 어디서 감동의 몫을 찾을 수 있겠습니까. 흔히 입에 올리는 분위기[무드]라고 말할 수 있겠습니다. 분위기가 수필의 밥상에서 큰 소릴 치겠지요. 담담한 분위기, 편안한 분위기, 차를 음미하는 분위기, 결코 서둘지 않는 은근하고 차분한 분위기 등이 수필에 잔잔한 감동의 몫을 한다고 보아 크게 무리는 아니겠습니다.

그러니까 생각납니다. 흔히 선비의 문학이니 인품의 문학이니 하는 말이 이제야 수긍이 갑니다. 자고로 담담하고 편안하고 차분한 분위기는 선비의 몫이었습니다. 그것이 인품과 연결되었습니다. 하지만 수필을 그런 의미망으로 꽉 묶을 때 숨이 찹니다. 수필은 과감해야 합니다. 사고의 다양성과 심오한 상상력이 수필의 본질을 보다 든든하게 합니다.

분위기도 좋습니다. 어쭙잖게도 수필은 새로움을 바탕으로 태어나는 인식의 문학이 아닌가 하고 트집을 잡아봅니다. 대상의 내부를 파헤치고 물어뜯는 피비린내 뭉클한 문학정신으로 무장하는 일도 수필다운 수필을 위한 한 가닥 길이 되지 않겠나 하는 부질없는 생각도 듭니다. 치열함에서 오는 새로운 세상뒤집기가 문학의 바탕이 되는 감동 아니겠습니까. 그렇다고 선비니 인품이니 하는 말에 반기를 드는 것은 물론 아닙니다. 선비니 인품은 모든 지성인이 두루 갖추어야 할 몫이지 수필가만이 차지하는 특권은 전혀 아닙니다. 다시 생각해 보면 수필이 소설과 차별되고 시와 차별되는 점을 새로운 인식이란 점에서 말할 수 있겠습니다. 대상을 새롭게 보고 느끼는 인식이란 점입니다. 이것이 수필의 생명이라면 생명입니다.

모든 어휘는 수필어로 사용할 수 있습니다. 그런데 개싸움, 개팔자, 똥바가지, 밑씻개, 호라지좆과 같은 어휘가 눈에 띌 때 그 수필은 자칫 따돌림을 받는 처지가 됩니다. 비속하고 천박하다는 이유 때문일까요. 선비답지 못하고 인품에 걸림돌이 된다고 합니다. 이러고도 우리 수필의 향상을 도모하기는 어렵습니다. 수필가는 언어에 보다 과감하고 언어사용에 보다 치밀해야 합니다. 예민한 촉수를 세워야 합니다.

그렇다고 이런저런 언어를 마구잡이로 갈겨쓰자는 뜻은 아닙니다. 수필의 문장효과, 대상의 새로운 국면전환을 위해서는 망설일 이유가 없다는 뜻입니다. 호라지좆이란 이미지, 며느리 밑씻개란 이미지를 쓰고 싶으나 인품에 걸려서, 천박해서 쓰지 못한다는 의기소침한 생각은 버려야 합니다. 호라지좆이며 밑씻개를 활용함으로써 전체적인 문장효과를 구할 수 있으면 주저함이 없어야 하는 것이 수필정신입니다.

넘실대는 낙동강의 물결을 보고자 우산을 쓰고 강변에 서 있었습니다. 태풍경보, 홍수주의보가 있던 날이었습니다. 강원도에서는 산사태가 터져 마을마다 아픈 피해를 입은 소식으로 범벅이 된 우중충한 날이었습니다.

강 하류에서 떠밀고 오는 거센 역풍을 받아 강물은 낡은 천막처럼 펄럭거리고 있었습니다. 바람이 강물의 몸을 칼질하여 강물의 껍질을 벗긴다는 생각이 들었습니다. 그 진통을 이기지 못하는 강물이 마구 몸을 뒤틀곤 했습니다. 강물의 생체실험을 하기 위함인지 바람은 거푸 강물에 칼질을 멈추지 않았습니다. 바람은 잇달아 강물을 칼질하며 때로는 난도질조차 마다하지 않았습니다. 뜻밖의 처절한 임상현장이었습니다.

짐승을 잡아 그 껍질을 벗기던 어릴 때의 강변이 하필이면 천막처럼 펄럭거리는 강물에 떠올랐습니다. 자연을 훼손한 인간에게 무엇인가를 전달하려는 자연의 엄숙한 가르침이라는 생각도 들었습니다. 수필을 하는 것은 그 가르침을 익히고 깨달으려는 감동과 충격에의 길이라고 아파하는 강물에 대고 위안도 아무것도 하닌 혼잣말을 어설프게 늘어놓았습니다.

감동의 진폭을 심전도를 그리듯 감동곡선이란 이름의 그림을 그려보기도 합니다. 이런 작업은 말할 나위도 없이 어설픈 시론試論에 지나지 아니합니다.

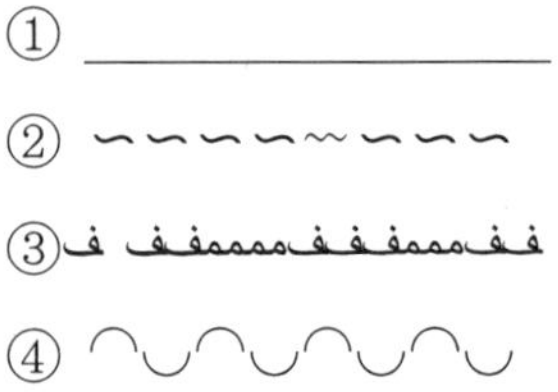

① ________________

② ∽∽∽∽∽∽∽∽

③ (곡선 도형)

④ ⌒⌣⌒⌣⌒⌣⌒⌣

위 도형에서 ①은 거울바닥처럼 잠잠한 감동입니다. 밖에 드러나지 않는 감동이라고 하겠습니다. 이런 경우 감동은 대개 물밑작전을 하는 셈이라고 말하면 어떨까 합니다. ②는 은근하고 자분자분한 미소 같은 감동입니다. 야단스럽지 않고 입이

빵긋거리는 듯합니다. 그런가 하면 ③은 감동의 진폭이 오르락 내리락합니다. 치솟던 감동이 가라앉는 듯하다가 되살아납니다. 아라비아 문자 같은 이런 감동을 작품 속에서 읽고 느끼기도 합니다. 거기 비하면 ④에 이르러 감동은 최고조에 달합니다. 박동소리가 마구 들리는 것 같습니다.

감동을 억지로 짜낼 때 그것은 역감동逆感動이란 보기 딱한 허울이 됩니다. 감동은 자연스럽고 은근해야 감동입니다. 절로 고개를 끄떡이고 무릎을 칠 수 있는 것이라야 합니다. 구슬프고 참담한 내용으로 감동의 결을 삼으려는 경향도 가끔 없지는 아니합니다. 읍소泣訴하는 장면묘사는 차라리 비속하고 서글픕니다. 잔잔한 가운데 격한 울림이 있고 격한 울림 가운데 잔잔한 결이 있는 담담한 분위기에서 긴 여운 같은 아릿한 감동의 무늬를 맛볼 수 있습니다.

감동이든 충격이든 수필은 진솔과 감성, 대상의 새로운 인식을 깎아 세우는 힘겨운 구축작업임은 말할 나위도 없습니다. 감동과 충격을 위한답시고 엉뚱한 대패질로 행여 수필의 뼈대를 망가트릴 수는 없지 않겠습니까.

아으 동동動動.

산문과 수필

산문문학이라는 말 속에는 시/동시를 제외한 거의 모든 문학 장르가 들어 있습니다. 만약 투표권이란 것을 행사한다면 산문문학은 압도적인 표를 얻게 되겠죠. 시도 산문시라는 것이 있으니까요.

산문은 줄글로 구성된 것에 반하여 시는 토막글로 짜인 것이라고 거칠게나마 말할 수 있습니다. 산문은 문단 가름인데 시는 행과 연을 갈라 그 내용과 의미를 구성한다고 말할 수 있습니다.

수필이라고 하면 대뜸 산문을 떠올립니다. 지당한 생각입니다. 줄글로 된 것이 그렇고 문단가름을 하는 것 또한 그렇습니다. 하기에 수필을 산문문학이라고 합니다. 넓은 의미에서 그렇다는 것이지만 따지고 들면 그렇지도 아니합니다. 그걸 짚어 보자는 것이 이 글의 속 보이기입니다.

수필을 산문문학이라고 하면 산문정신에 따른 글쓰기인 문학이란 의미를 갖습니다. 수필에는 수필정신이란 것이 엄연히 따로 있습니다. 그 정신으로 된 글이 곧 수필입니다. 하기에 산문정신과는 길이 다릅니다. 그런데 산문정신이라는 언급이 가끔 눈에 띄는 것은 수필의 문장구성이 산문이니까 그렇게 편하게 보는 것 같습니다. 논술 또한 산문정신에 의한 글쓰기입니다. 어느 문장이나 마찬가지이지만 수필문장 또한 정확한 언어구사를 요구하기에 수필정신이란 말로 못을 치고자 합니다.

오늘 아침 신문을 읽었습니다. 지면에는 무수한 정보가 나와 있습니다. 또 알아두어야 할 좋은 지식도 읽을 수 있었습니다. 신문을 읽은 다음 정보를 얻고 지식을 습득할 수 있었습니다. 그것은 모두 산문문장으로 구성되어 있었습니다. 이것을 정리하면 다음과 같이 되겠습니다.

* 산문은 논리적이고 논증을 요구한다.
* 산문은 지식과 정보를 제공한다.
* 산문 속에는 교훈이 있다.
* 산문 속에는 현학적인 요소가 있다.

물론 신문만이 아닙니다. 많은 서적 속에 든 지식정보는 때로는 철학적이고 현학적입니다. 또 교훈적입니다. 그런 문제제기를 산문이 감당하고 있습니다. 신문을 읽고 수필을 읽었다고는 말하지 아니합니다. 수필은 전혀 다른 측면을 갖기 때문입니다.

* 수필은 세계의 내면을 보고 읽는다.
* 수필은 시대와 장소를 공유하며 이를 초월한다.
* 수필은 새로운 세계를 구축하려는 욕망과 힘이 있다.
* 수필은 지성과 감성적 이미지의 함축이 내포된다.

이처럼 거칠게 늘어놓을 수 있습니다. 이런 점 산문과 수필은 뚜렷하게 판가름이 납니다. 산문이 가령 표피적인 것을 다룬다면 수필은 내면세계를 다루는 장르라는 점입니다. 표피적인 것은 어느 누구나 알 수 있는 드러남이며 알고자 하는 상식과 지식입니다. 그러나 내면의 것은 숨어 있기 때문에 눈을 뜨고 찬찬히 살펴보아야 합니다. 눈을 뜨고도 보지 못하는 것을 수필가는 봅니다. 그것이 수필쓰기의 노력이며 발품이며 바람직스런 정서를 증폭시키는 일입니다. 공짜는 없습니다.

어느 사찰을 찾은 적이 있습니다. 동지 무렵이었습니다. 주변의 헐벗은 수목들이 또 다른 사찰의 운치를 돋우었습니다. 사찰 입구에는 두 그루의 깡마른 나무등걸이 서 있었습니다. 오랜 세월의 비와 바람에 할퀴고 뜯긴 흔적이 보였습니다. 나뭇가지는 뭉그러져 볼 수 없고 거무스름한 밑둥치만 겨우 서 있었습니다. 내장을 모두 버린 빈 등골만 앙상하게 남은 밑둥치였습니다. 서 있는 두 그루의 밑둥치 사이 길이 있었습니다. 비워야 아름답고 비워야 참되다는 가르침을 깨달으라는 길임을 짐작할 수 있었습니다.

어느 박물관에서 본 미라가 나무등걸에 떠올랐습니다. 나무도 비바람에 오랫동안 견디고 시달리면 미라가 되고 사람도 무덤 속에서 오래 삭으면 속을 다 비운 나무등걸이 되나 봅니다.

두 그루의 깡마른 나무등걸은 사천왕사나 다름없었습니다. 아니면 어느 길가의 천하대장군과 지하여장군이었습니다. 이승에서 꿰차고 온 부귀영화의 꿈과 탐심을 모두 벗어 던지라는 일갈이 들리는 듯했습니다. 그런 의미를 읽을 수 있었습니다. 그러나 아무것도 비우지 못하고 비울 생각조차 하지 못한 채 절 안으로 성큼 들어서고 말았습니다.

절 경내 연못을 돌아볼 때였습니다. 능수버들이 연못에 가느다란 마른 가지를 드리우고 있었습니다. 봄철에는 벚꽃을 닮은 꽃이 그 능수버들 가지에 조롱조롱 매달린다고 합니다. 늘어진 가지만으로 볼 때는 분명히 능수버들인데 꽃이 벚꽃을 닮아 능수벚나무라고 부른답니다.

능수벚나무는 불타라는 생각이 들었습니다. 연못에서 낚시를 하는 불타를 보았다고 말하고 싶었습니다. 불법으로 도제중생度濟衆生을 꾀하는 낚시질이 연못의 능수버들에 있었습니다. 활처럼 팽팽하게 굽은 가지 끝에 미끼인 법을 읽을 수 있었다면 어떨까요. 불법으로 가는 길이란 말이 입에서 절로 터졌습니다. 문득 어느 그림에서 본 광경이 눈에 잡히기도 했습니다. 들판에서 이삭을 줍고 있는 아낙네의 동그랗게 굽은 등이었습니다. 밀레를 떠올리고 있었습니다.

해가 설핏 기울면 범종이 울리겠다는 생각도 들었습니다. 범종소리는 연못을 돌아 연못에 동그란 무늬를 그리며 미끼 주변을 몇 번 돌다가 사라질 것입니다.

절 경내를 멀리 보는 눈에 마하반야바라밀다경이 떠올랐습니다. 그 떠오르는 경 읊는 소리를 매화나무가 엿듣고 있으리라는 착각에 잠겼습니다. 착각은 자유라고 하는 말을 가끔 듣습니다. 그래서인지 이런저런 착각이 머릿속을 마구 헤집었습니다.

산문은 논리적이고 이성적입니다. 그 속에는 교훈이 있고 때로는 현학적인 요소가 글을 엮어맵니다. 그에 맞선 수필은 비논리적이며 정서 깊은 상상력의 힘으로 세계를 새롭고 참신하게 쓰다듬고자 합니다. 비논리라고 하여 지리멸렬한 것은 결코 아닙니다. 시적논리를 생각해 보고자 합니다.

한 열흘 대장장이가 두드려 만든
초승달 칼날이
만사 다 빗장 지르고 터벅터벅 돌아가는

내 가슴살을 스윽 벤다
누구든 함부로 기울면 이렇게 된다고
피 닦은 수건을 우리 집 뒷산에 걸었다

— 최영철, 「노을」 전문 『찔러본다』 문학과지성사, 2010년.

이 작품을 가령 산문의 논리로 풀 경우, 초승달은 대장장이가 두드려 만든 것이 아닙니다. 천체의 운행에 따라 초승달이 되고 그믐달이 되고 다시 만월이 됩니다. 달에 가슴을 베이는 근거는 찾아볼 수 없습니다. 피 닦은 수건을 우리 집 뒷산에 걸었다고도 하지 않습니다. 산문적 논리와 시적 논리의 차이입니다. 「노을」은 최영철 시인만이 갖는 상상력의 세계를 시적 논리로 구체화시키고 있습니다. 즉 낯선 세계를 구체적으로 보여줍니다. 그것은 표현장치라는 여과기를 거쳐 새로운 세계인식에 도달한 결과물입니다. 시라는 새로운 상상력의 결과물은 그 시인만의 특허전유물입니다. 그렇다면 수필은 산문의 논리로 푼 것인가요. 아닙니다. 그렇게 아니라고 하는 점에 수필특허전유물을 따기 위한 수필가의 고뇌와 사유가 따릅니다. 관점에 따라 다르긴 하지만 수필은 산문문장으로 구성되는 시적감흥에 따른 문학이라고 여겨도 무방하지 않을까 싶습니다. 그렇다고 수필이 시를 닮는다면 수필의 몫이라고는 말하기 어렵습니다. 시적 운치와 분위기를 읽을 수 있는 산문구조란 점에서 수필은 보다 심각하고 신선한 감각을 지닌 문학 장르에 듭니다. 다음 구절에 눈이 끌립니다.

> 살구의 피부는 따스하다. 주황도 아니고 살색도 아닌, 모호하고 아련한 빛을 품었다. 눈 오는 겨울 밤, 초가집 문 창호지에 배어나는 불빛의 은은함 같기도 하고, 그 불빛 아래 모로 누워 있는, 부끄럼 많은 여인의 살빛 같기도 하다. 살구라는 말의 뿌리는 어쩌면 '살'에 잇닿아 있을지도 모른다. 밤색이나 수박색, 올리브색같이 과일 이름을 딴 빛깔이 많기는 하여도 살구색만치 사랑스런 느낌은 들지 않는다.
>
> — 최민자, 「살구」부분, 『꼬리를 꿈꾸다』 문학사상사, 2006.

이효석의 「메밀꽃 필 무렵」을 수필 같다고 합니다. 황순원의 「소나기」를 수필 같다고 합니다. 시적 분위기를 갖기 때문입니다. 산문으로 구성된 소설도 시적 분위기를 띨 때 수필답다는 말을 들을 수 있습니다. 수필이 아닌 소설을 차마 수필이라고 우기지 못하는 이유는 그 속에 허구란 얼개가 깔려 있기 때문입니다. 수필은 허구가 아닌 있었던 것의 창조적 재현작업이란 점에서 소설과 그 격이 다릅니다.

능수벚나무 가지가 늘어진 연못에서 낚시를 하는 불타를 보았다면 그것은 창조적 재현작업인 수필적 상상력과 그 분위기라고 감히 말하고 싶습니다. 산문이라면 물론 다릅니다. 활처럼 굽은 능수벚나무가 연못에 가지 끝을 드리우고 있다, 정도면 될 것입니다. 수필은 정서환기를 표출하고 산문은 듣고 본 사실 그 자체의 정확한 정보제공에 이바지하기에 그렇습니다.

수필은 소설과 시의 경계쯤에서 노는 문학이라는 말을 흔히 합니다. 산문문학인 소설과 운문문학인 시의 경계를 오간다는 의미로 그렇게 봅니다. 그러나 수필은 수필 고유의 몫을 지닙니다.

폴 발레리는 산문을 도보에 운문을 춤에 비유했습니다. 도보는 율동을 요구하지 않으나 춤은 율동이 따릅니다. 그런 점 도보는 느슨하고 불규칙적이지만 춤은 흥과 격식을 수반합니다. 흥이 없으면 춤이 없습니다. 정형시의 경우 율은 시의 흥이며 그 생명이기도 합니다.

산문을 도보라고 하는 이면에는 율律을 두고 말하는 것 같습니다. 시는 율이 있습니다. 하기에 운문입니다. 그 율은 밖에도 있고 안에도 있습니다. 즉 외재율과 내재율입니다. 그러나 산문은 율을 요구하지 아니합니다. 정보만 확실하게 전달하면 되니까요. 그러나 수필의 경우는 산문이지만 율을 갖습니다. 내재율이 그것입니다. 하기에 수필은 정서를 동반한 시적울림을 갖습니다.

수필에는 수필이란 어휘를 구사한 기원이 나옵니다. 그 기원을 남송南宋 때의 홍매洪邁가 지은 『용제容齊수필』에 두고 있습니다. 윤오영의 「수필의 개념」(『수필문학입문』 관동출판사, 1975)에 나오는 구절입니다. 산문에 없는 기원이란 구절이 수필에는 있습니다.

산문은 본래 이야기[서사] 그 자체입니다. 소설을 서사문학이라고 일컫는 것은 이야기의 문학이란 데서 발단한 것입니다. 서사란 이야기의 줄거리를 시간의 흐름에 따라 기술하는 데 있습니다. 그런 점 수필은 서사문학과는 거리가 멉니다. 수필의 줄거리는 이야기를 끌어나가기 위한 수단이 아닙니다. 주제라고 하는 옷을 받아 걸어주는 옷걸이에 지나지 아니합니다. 옷걸이에 걸려 쑤군대는 아버지 옷과 엄마 옷과 아이들 옷의 소곤거림을 받아주는 옷걸이, 그것이 수필에서의 줄거리입니다.

가령 다섯 개의 문단으로 된 수필이 있다면 그것은 다섯 가지의 갖가지 옷이 옷걸이에 매달린 셈입니다. 그 다섯 가지의 옷은 각각의 작은 주제입니다. 그 작은 주제가 모여 하나의 큰 주제란 집중된 사상을 표출합니다. 그런 반면 산문의 경우 다섯 가지의 옷은 오로지 한 줄거리를 중심으로 집중되는 제목 같은 통일성 중심의 기술에 지나지 아니합니다. 그 옷과 줄거리에는 철저한 사실만 있을 뿐 어떤 감성이나 어떤 정서도 전혀 끼어들지 못합니다. 시사문의 경우 이 점은 더욱 두드러집니다. 누가, 어디서, 언제, 무엇을, 어떻게 한다는 정확성이 지배적입니다. 그것은 정확성을 요구하는 산문의 길이며 생명입니다.

> 올해 '화이트 크리스마스'는 없을 전망이다. 기상청은 22일 "성탄 연휴 동안 눈을 기대하기는 어렵다"며 "전국적으로 흐린 가운데 포근한 날씨가 예상된다."고 밝혔다.
>
> 연후가 시작되는 23일에는 구름이 조금 끼는 대체로 맑은 날씨를 보이고, 24일에는 전국적으로 맑은 뒤 구름이 많아질 것으로 예상된다. 성탄절인 25일에는 중부 지방의 경우 구름이 많겠고, 남부 지방은 기압골의 영향으로 차차 흐려질 것으

로 전망된다.

기상청은 "우리나라 북쪽의 찬 공기 덩어리가 세력을 확장하지 못하고 있어 성탄 연휴 기간 동안 평년 기온을 4~7도 웃도는 포근한 날씨가 이어질 것"이라고 내다봤다.

— 어느 일간지의 일기예보 기사에서

날씨에 관한 정보입니다. 세 개의 문단으로 직조된 글은 날씨 이야기만으로 채우고 있습니다. 독자는 이 기사를 보고 성탄절 무렵의 날씨를 비교적 자상하게 알 수 있습니다. 정보전달을 임무로 하는 일목요연한 신문기사의 효과입니다.

더 말할 나위도 없이 산문과 수필은 구별됩니다. 그런데 수필을 모은 책에 굳이 산문집이라고 하는 책도 더러 눈에 띕니다. 수필은 품격의 문학이니까 그 품격에 따라가지 못한 글에 수필집이라고 하기는 좀 그렇다는 표정을 짓는 것 같습니다. 그건 겸사가 아닙니다. 그 말의 바닥에는 품격문학인 수필을 얕보는 심리가 음으로 양으로 깔려 있어 보입니다. 품격문학이라는 수필 주변에 얼쩡거리지 않겠다는 의도로도 보여 때로는 어쭙잖은 비꼼과 엄살처럼 보이기도 합니다.

문화예술위원회건 어디서건 수필분야를 심사할 때는 수필/수필집이란 딱지가 붙은 작품/작품집만을 심사대상에 올리는 것이 마땅합니다. 그런데 현실은 산문/산문집도 함께 올려 산문이라고 자인하는 산문집이 수필의 자리를 꿰아먹는 일이 허다합니다. 수필문학의 참다운 진흥을 위해서는 먼저 산문과 수필을 구별하는 안목이 우선되어야 합니다.

벌은 꽃가루를 따먹고 꿀을 빚어냅니다. 꽃가루를 먹었다고 꽃가루를 그냥 빚어내지는 아니합니다. 수필가는 세계를 따먹고 수필이란 꿀을 빚어내는 벌입니다. 그걸 깨닫고 지키는 곳에 수필이란 눈부신 벌집을 알차게 매달 수 있습니다.

정적의 몸에서 피는 수필

1.

정적靜寂은 고요하여 괴괴하다는 뜻으로 우리말 사전이 말을 합니다. 고요하고 쓸쓸하다는 의미를 갖는 적막과는 그 뜻이 약간 다릅니다. '괴괴하다'와 '쓸쓸하다'는 차이가 끼어들어 말에 고리를 채웁니다. 정적을 가만히 음미하고 있으면 끝없는 늪의 고요나 깊은 숲 속으로 잠겨드는 듯한 느낌이 듭니다.

글의 실마리를 「고요의 몸에서 피는 수필」이라는 가닥으로 뽑을까도 했습니다. 하지만 괴괴하다는 의미를 저버릴 수 없지 않겠습니까. 언어는 하나하나에 이르기까지 잘 다독거려주어야 언어끼리 쑤군덕거리며 시샘을 하지 않을 것입니다.

더구나 수필은 간이 맞는 언어운용으로 돋보이는 문학이란 점에서 그렇습니다. 재료를 잘못 선택하거나 어긋나게 쓸 경우 그 요리는 먹을 것이 없다는 말을 듣습니다. 수필 또한 언어의 요리나 조금도 다름없습니다. 한 문장에는 그 문장에 꼭 들어맞는 어휘가 하나밖에 없다는 말을 흔히 듣고 익히기도 합니다.

인간의 처세인들 그다지 다를 바는 없습니다. 알맞은 인물을 그 자리에 앉히지 못할 경우 뜻밖의 곤경을 당하기 쉽습니다. 당사자는 물론 자리에 앉혀준 인사권자에게도 마음 편하지 않은 일이 생길 수 있습니다. 앞뒤 가리지 않고 덥석 그 자리를 차지하고 앉을 경우 자리는 바늘방석에 지나지 않습니다. 자리에 앉혀준 사람을 욕되게 하거나 주위를 어수선하게 합니다. 정적이냐 적막이냐 하는 언어운용도 이와 다를 바 없어 보입니다.

산의 늠름한 모습은 정적의 그윽한 자태이며 그 소리의 덩어리입니다. 그 소리로 꽃과 나무와 풀이 자랍니다. 바위는 언제나 아늑하고 믿음직스런 정적의 상징입니다. 산의 소리에 길든 꽃은 산의 아늑한 소리를 닮아 핍니다. 나무도 쑥쑥 위로 자라는 즐거운 소리를 합니다. 바위 또한 음전한 숨소리로 문지기처럼 산을 지킵니다. 수필가는 그 산의 모습과 소리에 귀 기울입니다. 그것은 들리지 않는 들리는 소리입니다. 그런가 하면 분명히 귀에 들리는 소리도 산에는 무수히 있습니다. 너무나 또렷한 소리도 있습니다. 때로는 들리지 않는 소리가 소리의 울림이 되어 옵니다. 바람 소리와 새소리 그리고 짐승들의 울음을 듣습니다. 나무가 숨쉬는 소리, 몸을 흔드는 소리도 있습니다. 그것은 산의 정적을 깨트리는 소리입니다. 정적의 소리를 더 깊이 잠기게 하는 소리이기도 합니다. 산은 정적을 낳고 정적을 깨트리는 소리를 함께 껴안고 있습니다. 즉 정靜과 동動이 함께합니다.

늪이 잠겨 있는 한낮의 소리, 나뭇가지가 물에 몸을 담그는 소리, 개구리가 퐁당 뛰어드는 소리에 정과 동이 있습니다.

먼 산의 어깨너머로 또 다른 산 하나가 고개만 빠끔 내밀고 있는 것을 보았습니다. 산이 이쪽을 넘보고 있다고 혼잣말을 했습니다. 그 산은 아주 낯설지만 왠지 정다운 친구처럼 보였습니다. 왜 넘보고 있을까요. 생각은 자연스럽게 넘보는 것에 대해서 머리를 굴리게 되었습니다. 그때 이웃집 담 너머로 고개를 내밀고 넘보던 그리운 얼굴이 떠올랐습니다. 지금은 소식조차 들리지 않는 예전의 이웃 얼굴에게 편지 쓰는 마음으로 혼잣말을 하는 부질없는 날도 있습니다. 그 편지를 여기 옮겨 봅니다.

— 그때 우리는 딱지치기를 무지 좋아했다. 다 쓰고 못쓰게 된 공책을 뜯어 딱지를 만들었다. 그걸 호주머니 가득 넣고 다니며 해가 지는 줄도 모르고 딱지치기를 했다. 그러나 아끼던 마지막 딱지마저 다 잃고 털레털레 집으로 돌아가는 날이 많았다. 빈 비료포대를 북북 찢어 딱지를 만들기도 했다. 다시 딱지를 쳤으나 보기 좋게 또 잃었다. 그 빛깔은 물론 다르지만 지금껏 딱지놀이와 같은 삶에서 번번이 잃으면서, 빼앗기면서

살아왔다. 산 너머에서 고개를 내민 산이 이번에는 정적의 소리로 접은 딱지치기를 해보라고 말하는 듯하다. 응원해 주는 바람이 산 너머에서 불어온다며 부추기는 듯하다. 운 좋게 딸 수 있는 딱지놀이에 대해서 생각하는 싱거운 날이나 보내고 있다.

세상살이란 일종의 딱지치기나 다름없습니다. 서로 겨루고 이기고 지는 사이에 한 세상은 어느새 저물어 갑니다. 이긴 자는 그가 희구하던 자리를 차지하고 진 자는 뒷전으로 밀려납니다. 희망과 절망이라는 또 다른 이름이기도 하겠지요. 또 다른 아픔, 또 다른 정적의 덩어리라면 어떨까요. 그 덩어리 속에서 인간은 그가 희구하는 나름대로의 소리를 만들고 소리를 죽입니다. 소리가 갈앉으면 고요란 웅덩이가 움푹하고 깊은 눈을 뜹니다. 그 눈빛과 마주 서듯 산 너머에서 넘보는 산과 마주 섭니다.

사람은 어떻게 땅에 두 발로 곧바로 서 있을 수 있을까요. 구체적이지는 못하지만 생명의 힘이란 것이 그 이유를 말할 수 있을 것 같습니다. 아니 해부학이란 것이 어떤 응답을 할 것도 같습니다. 인간의 몸을 구성하는 골격과 근육과 그 근육 속으로 관통하는 혈관과 신경, 그리고 이 모든 것을 지배하는 정신이란 것이 있어 곧바로 서 있을 수 있다면 인체공학을 무시한 터무니없는 해답이 될까요. 건축물에도 물론 그런 내부구조가 들어 있어 때로는 소리를 나부끼고 때로는 깊은 침묵 속으로 사람을 끌어들입니다.

하늘을 찌를 듯이 높이 치솟은 건축물이 거뜬하게 서 있을 수 있는 구조를 인체해부학에서 풀어보는 일도 과히 어긋나지는 않으리라는 생각입니다. 건축물에는 더구나 건축물을 세운 건축가의 건축정신이 거기 깃들어 있습니다. 인간과 건축물, 서 있는 모든 것은 서 있음의 든든한 힘과 구조를 갖습니다.

> 창은 고유의 기능이 있습니다. 공간에 환기를 시키고 충분한 빛을 제공하기도 합니다. 그리고 시각적인 거리를 제공하면서 공간을 간접적으로 넓혀주는 작용을 하기도 합니다. 이제 공간은 시각적으로 점차 제한을 두지 않게 되었습니다.
>
> 처음에는 폐쇄적인 공간을 자유로운 공간으로 만들기 위한 방법으로, 벽에 문과 창문을 만들었는데 이제는 이러한 것들이 아주 중요한 디자인 요소가 되었습니다. 문은 벽의 일부입니다. 창도 벽의 일부입니다.
>
> 건축물의 발전과 함께 개구부도 같이 진화해가고 있습니다. 공간의 개념은 인간을 위한 영역의 표시이지 외부와 내부의 단절을 의미하는 것은 아닙니다. 건축물이 비어 있던 영역에서 자리를 차지하고 세워졌을 경우 이제는 그 영역의 모든 요소들 중에서 하나의 역할을 해야 합니다. 독립적으로 존재하는 것보다는 주변 환경과 조화를 이루거나 대조 또는 대립의 관계 중에서 하나의 역할을 해야 합니다.
>
> — 양용기, 「개구부」 부분, 『건축물에는 건축이 없다』 평단문화사, 2006.

인간의 신체구조든 건축물의 구조든 그 짜임새라는 것이 일맥상통한다는 생각으로 들어본 보기입니다. 수필은 엉뚱한 발상에서 향기롭고 정확성을 우기는 고집에서 오히려 고리타분한 냄새를 피운다고 보면 어떻겠습니까.

건축물을 종합예술이란 점에서 다루기도 합니다. 수필 또한 종합예술의 측면을 갖습니다. 수필 속에 그림이 있고 수필 속에 음악이 있고 수필 속에 조각품이 있습니다. 건축물이 숨을 쉬듯 수필도 숨을 쉽니다. 그것을 문단과 문단 처리에서 느낄 수 있습니다. 그 느낌을 감지할 수 있는 틈새가 정적에 있습니다.

태초에 어둠이 있었다, 누구나 다 아는 창세기의 첫 구절입니다. 어둠은 정적입니다. 어둠 속에서 어둠을 뚫고 빛이 터집니다. 빛은 정적의 씨알, 즉 수필입니다.

2.

산과 더불어 바다 또한 정적의 표상을 지니고 있습니다. 바다는 때로 커다란 꿈틀거림으로 정적을 깨트리지만 끝없이 뻗어나간 바다의 표면을 보면 정적이라는 힘이 바다를 눌러 앉힌다는 생각을 하게 됩니다.

인간은 때로 정靜에서 동動을 갈구합니다. 아니 동에서 정을 구하려 합니다. 유리 바닥처럼 매끈하고 잔잔한 바다의 표면에서 격동하는 파도를 보고자 합니다. 태풍이 몰아쳐 바닷물이 소용돌이를 칠 때 그 통쾌한 용틀임을 보고자 합니다. 커다란 벼랑 끝에 몸을 부딪치며 깨지는 바다의 깊은 울부짖음을 듣고자 하는 인간은 어떤 점에서 잔인하다면 잔인합니다. 그러나 정에서 동을 보고, 동에서 정을 다시 보고자 하는 것이 인간심리의 갈등이란 것 아니겠습니까.

신비의 세계니 뭐니 하고 방영하는 텔레비전 프로를 보고 바다의 비밀을 조금이나마 알 수 있어 고마운 일입니다. 과학의 발달에 따른 바닷 속 세계를 본다는 것은 바닷 속으로 가보지 못한 사람에게 신비스런 경광입니다. 해저관광을 하는 시대이긴 하지만 아직 대중적이지는 못합니다. 그 기회가 머지않을 것입니다. 온갖 어류와 해초로 풍성한 해저관광은 사람들의 관심을 육대주에서 오대양으로 끌어들일 것입니다. 그땐 보다 구체적이며 심도 깊은 해양수필의 맛을 음미할 수 있을 것입니다. 바다를 보며 바다 이야기를 피상적으로 늘어놓는 수필은 한물 갈 것은 틀림없습니다. 해저관광을 마치고 나온 수필가들이 해저수필에 맛깔스런 수필의 요리 맛을 보여 줄 것입니다. 그런데 바다만이 바다는 아닙니다.

이웃도 대문을 꼭꼭 닫아걸고 예전같이 수시로 드나드는 일도 없고 친구나 자식 집에도 시간이 어떤가 전화로 확인하고 가야 한다. 한 계단에 사는 사람도 얼굴 보기가 어려우니 어디 무인도가 따로 있을까.

섬은 제 스스로는 어떻게도 할 수 없다. 물결의 움직임에 따라 육지와 가까워지기도 하고 일기가 고르지 못하면 며칠이라도 외면당하고 마는 것이 섬의 운명이다. 호수 밑바닥에 있던 바위섬이 갈수기가 되면 조금씩 드러나는 것과 같이 내가 물결이 되기도 하고 때로는 섬이 되기도 한다.

— 이춘자, 「섬」 부분, 『잊혀진 섬』 일광, 2003.

결혼하기 전 남편을 처음 본 친정어머니는 동글동글하고 야무지게 보여 생전 병치레는 않을 것 같다며 마음에 들어 하셨는데 차돌에 바람 드니 푸석돌보다 못하게 되었다. 수학선생이던 사람이 숫자관념도 없어지고 구구단조차도 외는 걸 힘들어한다. 처음에는 측은하기도 하고 기가 막혀서 내 쪽에서 애써 그의 눈길을 피했지만 시간이 지나니 지금부터는 내가 그의 바다가 되어야 한다는 생각에 아득한 마음뿐이다. 넓고 푸근한 바다가 되어서 어떤 비바람의 몸부림도 감싸주어야 하지만 아직은 샛강에 불과한 나는 마음을 다잡고 홀로서기 준비를 해야겠다는 생각만이 머리를 두드린다.

— 이춘자, 「나의 바다」 부분, 『잊혀진 섬』 일광, 2003.

바다에 나가 바다와 겨루는 것만이 바다수필은 아닙니다. 하기야 바다 속으로 뛰어들어 바다와 몸을 섞어 바다가 되는 절실함이라면 더욱 출렁이는 바다수필이 되기는 하겠습니다. 하지만 바다만이 바다가 아닙니다. 세상은 모두 나름대로의 이러저러한 심각한 바다입니다.

바다를 생각하면 태고太古라는 넋두리가 절로 나옵니다. 태고는 신비입니다. 바다는 끝없는 수평선 너머에 신비를 품고 있습니다. 하기에 신비의 세계란 언어구사를 하는 것이지요. 알피니스트에 의하여 세계 최고봉이라는 준령들이 밝혀지고 남극과 북극이 삶의 터전으로 탈바꿈되는 세상입니다. 하지만 바다는 아직 순결을 그대로 지니고 있다고 할까요. 그 순결을 넘어 향후 바다 밑에 해저도시를 세워 바다세계에로 또 다른 해도를 그리게 될 것입니다. 앞으로의 수필 또한 그 해저도시에 시각의 초점을 돌릴 것입니다. 수필세계의 확장이라고 보면 어떨까 싶습니다. 그 공정이 바다를 오염시키는 일이 되어서는 물론 아니 되겠지만.

바다를 보면 동중정動中靜이란 말에 거듭 끌립니다. 끊임없이 움직이는 그 속에 움직이지 않는 정적이 깃들어 있습니다. 정靜은 동動의 모태이기도 합니다. 바다 밑에서 불컥 치솟은 정적이 산으로 옮아갔다고 말을 옮겨도 좋을 것 같습니다. 하기에 산을 말하면 바다란 말이 짝지처럼 자연스럽게 따라붙게 되죠. 요산요수樂山樂水란 말은 그래서 있나 봅니다.

흔히 수필은 미래의 문학이라는 말을 합니다. 미래란 찾아내어 밝힌다는 의미에서 미래입니다. 들리지 않는 것, 보이지 않는 것을 듣고 보는 수필은 미래만이 아니라 발등에 떨어진 현실의 불똥에 귀와 눈을 돌려 현실과 대결하는 빈틈없는 현실인식의 문학입니다. 감각과 지각이란 상상력의 더듬이를 쭉쭉 뻗어 과거 현재 미래란 삼세三世를 아우르는 문학에 수필 또한 떳떳한 자리를 차지합니다.

수필은 침묵하되 침묵하지 않는 산이며 바다입니다. 산과 바다의 고요와 움직임처럼 은근하되 진통하는 꿈틀거림을 깨단는 문학입니다. 검은 구름 뒤에 푸른 하늘이 있듯 상처를 도려내고 눈뜨는 새 세계의 양상이 있습니다. 상상력과 투시력으로 꿰뚫어 보는 곳에 구체적이며 함축 있는 수필의 산맥과 수맥이 잠겨 있음을 압니다. 그것을 수필이란 요리로 식탁에 올리고자 수필가는 맑은 눈빛과 정신으로 대상을 어루만지며 주시합니다.

정중동의 대명사, 그것이 수필임을 새삼 깨닫습니다.

시적 표현

수필문장의 경우 시적표현이 끼치는 이러저러한 맛에 대해서 짚어볼 필요를 느낍니다. 시적이란 시다운 감흥, 시다운 분위기와 그 멋스러움을 아는 감성적인 정신능력이라고 대충 말할 수 있겠습니다.

풍경은 문학의 씨앗이 됩니다. 기쁘고 아픈 삶의 현장 또한 그렇습니다. 수필이 되기 위한 시적감각은 때로 일촉즉발의 화살과 같습니다. 수필의 씨앗이 그렇습니다. 조금 더 뜸을 들인 수필의 걸음걸이라면 어떨까 싶습니다. 봄이 무르익어야 비로소 눈을 뜨는 대추나무와 같다면 어떨까 싶습니다.

산문문장으로 구성되는 것이 말할 나위도 없는 수필의 기본 틀입니다. 산문차림새, 산문호흡이 수필의 격입니다. 하기에 시적이니 뭐니 하는 표현장치는 슬쩍 접어두는 것이 산문 골격인 수필에 어울리는 맛이라 할 수 있겠습니다. 그렇다면 시적 표현이란 말은 왜 하며 무슨 까닭으로 들추게 되는지요.

* 밤새 주룩주룩 빗소리더니 아침이 되자 하늘은 능청스런 얼굴을 들고 있다.
* 밤새 주룩주룩 비가 오더니 아침이 되자 하늘에는 구름 한 점 없다.

위 문장에서 굳이 갈래를 짓는다면 '빗소리더니' '들고'에서 어렴풋하나마 시적표현/운치라는 것을 짐작할 수 있습니다. 그 다음 문장은 온전한 산문문장입니다. 빗소리가 들린다 하면 될 것이며 개었다고 하면 될 것을 굳이 완곡하게 나타내는 시적표현은 느슨함과 상투성에서 벗어나고자 하는 언어운용의 묘미란 것을 짐작할 수 있습니다. 산문문장이되 그 속에 시적 감성, 시적운치 그리고 시적탄력을 띠는 표현장치를 굳이 시적 표현이라고 에둘러 말할 수 있겠습니다. 이는 당연히 시와 혼돈할 수는 없습니다.

흔히 말하는 낯설게 하기는 수필을 하는 기본개념입니다. 새로운 언어탐색은 수필을 하는 기쁨/의무이기도 합니다. 이를 게을리 할 때 수필은 제자리걸음이나 걷는 늪에 허우적거리게 됩니다. 수필가는 개성과 깊이 있는 생각을 찾아 소재의 내부를 짚어나갑니다.

사진/그림/도표 등 온갖 표현장치를 끌어와 수필에 앉힐 수도 있습니다. 그것만이 아닌 기호를 활용하여 알맞은 간을 치기도 합니다. 그 길이 격과 맛을 한결 돋보이게 하는 시적표현에의 수법입니다.

어둠을 벗은 하늘은 언제 비를 뿌렸나 하는 멀쩡한 얼굴이다.

처음에 열거한 문장을 이렇게도 고쳐 쓸 수 있을 것입니다. 의인화 형태로 발뺌을 한 문장입니다. 굳이 시적표현이라기보다는 탄력성 있고 분위기 잡는 표현이라고 말하고 싶습니다. 조금 더 구체적인 예를 보겠습니다.

> 몇 년 전부터 오른쪽 귀퉁이의 일부가 다른 아파트 건물로 가려졌고 또 조금 지나면서 왼쪽 귀퉁이도 6층 건물이 지어지면서 가려졌다. 이렇게 크고 작은 건물들이 들어서면서 나의 바다는 건물 크기와 모양 따라 변해 갔지만 정면으로 보이는 바다만큼은 나와 눈바라기를 하면서 늘 그렇게 있어 주었다. 그런데 그 바다를 빼앗겨 버린 것이다.
>
> — 황소지, 「눈을 감고 보는 바다」 부분, 『작은 행복은 가까이에』 창조사, 2004.

나는 가끔 상상 속에서 종을 친다. 소리의 끝을 따라 끝없이 가다 보면 어느새 미궁 속을 헤매고 있는 나를 보게 된다. 얼마나 더 공을 들여야 제대로 된 소리를 갖게 될까. 내가 쓰는 글이야말로 얼마나 더 성심을 쏟아야 할 것인가. 목숨보다 더 귀한 자식을 바쳐서 건져낸 여음이라는데, 나는 무엇을 얼마나 더 버릴 수 있을까.

— 강숙련, 「종소리」 부분, 『얼추왔재』 교음사, 2005.

내소사 경내에 핀 것은 수련이다. 그 꽃을 지켜보고 있으려니 여름철 녹색이 뜨악해진다. 소슬한 가을바람을 만난 기분이 이럴까. 화려하기만 한 연꽃이 헤프도록 잎을 펼치고 목을 길게 내밀어 어딘가 가벼워 보인다면 수면에 살짝 얹힌 수련은 새치름한 기색이 완연하다. 청순하면서 요염하고, 수줍으면서 대담한 연향마저 풍긴다.

— 박양근, 「수련」 부분, 『문자도』 교음사, 2007.

위에 든 보기만으로도 정보전달을 위한 단순한 내용은 아님을 깨닫게 됩니다. 딱 꼬집어서 시적표현이라고 말하지 않아도 시적 운치를 갖습니다. 그런 분위기가 수필의 맛을 더 간절하고 감칠맛 나게 합니다. 그러고 보면 시적표현은 수필에서 약방의 감초처럼 다룰 수 있습니다. 하지만 감초처방에만 기대거나 남용할 수는 없습니다. 만약 산문문장에 의한 서술양식이었더라면 설명과 정보전달을 일삼는 상식선을 넘지 못하는 통상적인 진술에 기여하게 되었을 것입니다.

크레센도cresc와 디크레센도decresc는 문장수사에 보다 효과적인 도우미가 되겠습니다. 낮은 음에서 높은 음으로, 높은 음에서 낮은 음으로 음역의 변화를 시도하는 음악이 수필문장 기법에 참고가 되는 것은 말할 나위도 없습니다. 좁은 골목길 끝에 넓은 길이 트입니다. 넓은 길 끝에 좁은 골목길이 병목현상처럼 나타납니다. 그것을 느리고 빠른, 장단고저가 있는 악곡 형태를 수필에 응용할 수 있다면 어떻겠습니까.

수필이 미래문학을 선도한다는 주장도 있습니다. 만약 그렇다면 특히 수필가에게 얼마나 큰 힘이며 보람이겠습니까. 그러나 생각을 달리하면 수필은 지금 당장 자멸의 기로에 서 있는지도 모릅니다. 우후죽순처럼 발행되는 수필잡지가 뜻밖에도 몰락을 부추기는 길이라면 망발일까요. 그 이유로 꼽을 수 있는 것이 발표지면 풍요로 인한 기성수필가의 안이한 수필정신입니다. 아무렇게나 써도 수필이 되고 아무 잡지든 작품을 발표할 수 있다는 느슨하고 그릇된 생각이 수필문학의 질 저하를 초래하는 지름길이 됩니다. 각 수필지마다 호객행위를 하듯 수필가에게 수필을 요구하고 수필가는 미처 익지도 않은 수필을 지면에 발표하는 일은 없어야겠습니다. 발표만이 능사는 아닙니다.

수필의 격에 새로움이 된다며 억지춘향이 같은 잘못 비튼 문장으로 시적표현이니 분위기라고 내세울 수는 물론 없습니다. 그건 독자를 속이는 어설픈 깜짝쇼에 지나지 아니합니다. 도치법이 문장 흐름에 도움이 된다고 계속 같은 수사법을 써 나갈 수도 없습니다. 지나치면 하지 않음만 못합니다.

여기저기 작품발표를 일삼는 매명주의자, 여기저기 발을 걸

치는 아부파가 되기보다는 한 작품이라도 씨알이 박힌 작품으로 수필에 진지한 애정을 기울여야 합니다. 독자의 눈치를 보는 수필은 매명주의자의 수필입니다. 독자가 이해하지 못할까 봐 염려하는 작법은 진지한 수필이 아닌 값싼 대중수필에나 기여합니다. 대상을 보고 새로운 깨달음을 찾아 발굴하는 창작태도를 가진 자가 수필가입니다. 독자에 끌려가는 자석이 아닌 독자가 절로 끌려드는 자석일 때 수필은 비로소 살아남아 문학의 대열에 떳떳하게 서게 됩니다.

수필가는 새로운 사물인식을 위한 개척자입니다. 기발한 발상, 기발한 수법으로 수필의 멋과 격을 높이고자 합니다. 그 속에 시적표현이 은근히 배어납니다. 반세기가 훨씬 지나도록 수필이론은 그 목소리 그 자리만을 고집스럽게 지키고 있습니다. 재미있어야 하고 담담해야 하고 읽기 쉬워야 한다는 입버릇 같은 평범하고 식상한 발언으로 수필의 목을 죄는 사슬이 되고 있습니다. 그러나 다음 구절을 읽어나가면 절로 생각이 달라집니다.

> 구름에는 계절에 따라 테마가 있다. 여름의 구름은 힘이 그 주제다. 그 눈부신 은백색은 해보다도 더 강한 빛을 뿜는다. 거기에는 티끌만큼의 그늘도 서러움도 없다.
>
> — 진웅기, 「구름」 부분, 『노을 속에 피는 언어들』 범우사, 1977.

달빛은 특별히 누군가를 선별해서 교감을 이루지는 않는 듯 싶다. 묵묵히 밤하늘을 기울다 자기를 향해 올려다보는 이들 에게는 아낌없이 정을 주는 것 같다.

— 김재희, 「달빛 연가」 부분, 『그 장승이 갖고 싶다』 수필과비평, 2006.

절 마당에서 부르면 대답할 자리에 아름드리 홍송들이 무리 지어 서 있다. 키가 꼭 맞춘 듯이 같은 걸 보면, 예불소리를 듣느라 경쟁하듯 자라서 그런가 보다.

— 윤자명, 「경영법」 부분, 『도요 속의 꽃』 전망, 2006.

인용된 구절 하나하나가 모두 그 수필가만의 시적운치와 그 표현으로 직조되었습니다. 대상의 내면을 천착하고 새로운 언어를 갈고 닦아낸다는 점에서 들어본 보기입니다. 소재의 시적 천착과 시적표현은 바람직스런 당연한 작업이라고 하겠습니다. 새로운 언어 찾기, 그것은 수필가의 수필정신인 술래놀이입니다.

수필 한 편을 직조하기 위해서 수필가는 가용할 수 있는 모든 수단방법을 동원합니다. 붓 가는 대로 생각나는 그대로 하는 문학은 저리 가라입니다. 편안하게 쓰는 문학이라니 어디 편안하게 하는 문학이 있다면 나와 보라지요. 피를 말리는 진통 속에 비로소 한 편의 수필은 태어납니다. 쉽게 쓴 수필이란 말을 흔히 합니다. 그러나 그 바닥에는 몇 년 몇 달이란 세월이 잠겨 있을 수도 있습니다. 힘들게 써서 쉽게 읽히도록 하는 것이 하나의 길이라면 길일 수도 있습니다.

수필 이론서는 기본개념입니다. 기본을 터득한 다음에 새로운 개념을 정립해야 합니다. 초심자는 수필가의 이러저러한 잡다한 이론에 쉽게 흔들립니다. 어느 장단에 춤을 춰야할지 막연하다는 불만도 들립니다. 기본을 터득한 다음에는 몸에 맞는 장단을 따라갑니다. 따라가다가 마음에 들지 않으면 다른 장단의 길을 생각해 볼 수도 있습니다. 그런데 어느 한 장단에 몸이 굳으면 다른 장단을 따라가기가 쉽지 아니한 것은 사실입니다. 하지만 어느 장단에도 능히 몸이 움직일 수 있도록 하는 것이 능숙한 춤추기가 되겠습니다. 그것은 자기 춤의 장단을 터득했다는 말이나 다름없습니다. 수필 또한 이와 같습니다.

시적표현이니 서사적표현이니 하는 언술에 매달릴 일은 아닙니다. 중요한 것은 문학으로서의 값어치 있는 수필입니다. 문학이란 새로운 세계창조를 위한 길입니다. 새로운 감각, 새로운 깨달음이 하드웨어 속의 소프트웨어처럼 의좋은 길동무가 되어 잠겨 있는 길을 찾아가는 고독한 여행자입니다. 그 세계를 수필가의 감성과 상상력이라는 코드로 풀어내어야 합니다.

블랙커피는 블랙으로서의 운치가 있고 설탕커피는 설탕으로 간을 친 운치가 있습니다. 커피의 빛깔이 다르듯 입맛 또한 다릅니다. 저 거시기, 커피나 한잔 합시다.

메모, 직관의 맛

길에는 시간이 깔려 있습니다. 길을 걷는 일은 시간을 밟고 시간의 계단을 오르내린다는 말과 한 맥락입니다. 길=시간입니다. 눈에 보이지 않는 시간을 길은 구체적으로 보여줍니다. 곧은길에서 곧은 시간을 읽고 굽은 길에서 굽은 시간을 읽습니다. 시간을 찾아 길을 나섭니다. 가파른 길에서 꼬불꼬불한 시간과 부딪칩니다. 길가에 핀 꽃 한 송이도 시간입니다. 꽃잎이 환하게 터지는 시간, 꽃향기를 품는 시간, 바람에 날아가는 꽃잎의 시간을 봅니다. 꽃을 꺾는 것은 시간을 꺾는 일입니다. 꽃 속에 시간이 있고 시간 속에 꽃이 있습니다.

— 흙에 묻힌 구슬을 주워 흙을 털고 옷섶에 닦으니 반질한

푸른빛이 돋보이는 구슬이었다. 발치에 있는 돌멩이, 흐드러진 풀잎도 옷섶에 문지르면 어릴 때의 구슬이었다. 그걸 주워 닦고 쓸고 하는 사이 글이란 것이 얼굴을 내밀었다.

어릴 때를 말하는 것은 추억을 감싸고 있는 기억의 뚜껑을 따는 일이겠습니다. 추억을 감싸고 있는 포괄적인 하드웨어가 기억을 저장한 두뇌구조라면 어떨까 합니다.

추억 또한 흙 속에 묻힌 구슬과 같은 삶의 시간입니다. 수필가는 시간을 감싸고 있는 흙먼지를 털어내고 옷섶에 문질러 시간에 빛을 냅니다. 그 빛이 수필로 가는 알갱이가 될 수 있을 겁니다.

추억[회상]의 두레박에는 대개 어떤 그리움이나 아픔이 담겨 있습니다. 깊고 아늑한 그리움 같은 것이 추억이란 두레박 속에 잠겨 동동 뜹니다. 반면 기억 속에는 과거에 지나간 모든 일들이 사시나무에 연 걸리듯 걸려 있습니다. 그 모든 일을 쓰임새에 따라 하나하나씩 걸러내는 정신작용을 기억장치의 가동력可動力이라고 보면 어떨까 싶습니다.

— 뿌린 씨앗이 모두 무 배추로 자라지 않았다. 벌레의 먹이가 되어 시들어버린 놈, 짐승의 발길에 밟혀버린 놈도 있다. 머릿속으로 지나가는 모든 파장이 기억의 그물에 걸리는 것은 아니었다. 머릿속의 기억과 서로 파장이 맞아떨어지는 기억이란 파일이 문을 열어 추억을 살짝 돌려주었다.

허무라는 말을 가끔 입에 떠올립니다. 그런 탓인지 허무는 또 다른 허무를 낳기도 합니다. 남들이 다 말하고 글에 올리는 그 말이 자칫 모방이나 시뮬레이션이라는 도마에 오를 수도 있습니다. 혹은 상투적이란 비난의 화살에 찔릴 수도 있습니다. 그럼에도 다시 허무를 들추고 있습니다. 그런데 허무를 깨달을 때 허무는 이미 허무 아닌 다른 무엇입니다. 허무의 족보는 ㅎ(히읗)으로 이어지는 돌림 어휘라는 생각에 끌리기도 합니다. 허기, 허망, 허무, 허풍, 황급, 황당 등 ㅎ(히읗)소리에 힘을 주는데 혓바닥 끝으로 힘없이 빠져나가는 소리의 희미한 힘에 끌립니다.

텅 비어 아무것도 없는 막막한, 허망한 상태가 허무임은 누구나 다 압니다. 빈 절터는 허무입니다. 빈 무덤 터 또한 허무입니다. 숨 가쁘게 백두산 정상에 올라섰으나 보고자 했던 천지연은 짙은 안개에 갇혀 그 얼굴을 내밀지 않던 것이 허무입니다. 허무는 허전함입니다.

찾아간 옛 절터에서 텃밭으로 변한 덧없음을 봅니다. 그것은 세월의 흔적입니다. 덧없는 세월, 이런 말이 입술을 비집고 나옵니다. 그러나 텃밭에 자라는 푸성귀에서 관음보살을 만난다면 어떨까요. 절은 사라진 다음 옛 절터가 되고 텃밭이 되는 덧없는 과정에서 시간의 변형이란 것을 느낍니다. 흔히 종교는 덧없고 덧없다는 말을 버릇처럼 들추기도 합니다. 그 덧없음이 옛 절터에 가꾼 텃밭입니다.

텃밭에는 고추, 마늘, 배추, 상추 등 손쉽게 거둘 수 있는 일용의 야채를 심어 가꿉니다. 절터가 텃밭으로 변한 것은 중생을 기아에서 구제하려는 실천불교의 한 본보기라고 슬며시 말 바꾸기를 합니다. 하지만 눈에 보이지 않는 허무를 눈에 보여주는 야채는 허무라는 이름의 다른 변신입니다.

사라진 옛 절터를 복원한다는 이야기도 가끔 들립니다. 절터만이 아닙니다. 사라진 역사를 들추어 거기에 본래의 의미부여를 하려는 것이 역사의 복원이라고 봅니다. 역사란 사라지는 것이 아닌 재조명하는 거울입니다. 허무도 언감생심 역사입니다. 허무주의든 역사주의든 모두 나름대로의 길입니다. 길이라고 일컫는 항렬입니다.

절터에서는 관음보살이란 말이 자연스럽게 입을 비집고 나옵니다. 그 어감에 슬그머니 끌립니다. 관음觀音이란 소리를 본다는 뜻이라지요. 소리는 청각으로 오는 것인데 시각이라니 엉뚱하기는 합니다. 그런데 여느 소리가 아닌 세음世音입니다. 관세음觀世音은 세상의 소리를 보고 들음이라고 말합니다.

관세음 속에는 시각적 청각적 이미지가 함축되어 있습니다. 시론은 흔히 서구의 것에 기를 쓰고 매달리는데 관세음은 이미지의 원조라는 생각마저 듭니다. 어느 종교랄 것도 없이 그 말씀의 책은 비유와 상징으로 빛나는 이미지로 가득 차 있습니다.

이미지를 보고 듣고자 옛 절터를 서성거린다고 하면 어떨까 하는 부질없는 생각도 합니다. 글을 쓰면서 이미지를 찾아내는 기쁨을 생각합니다. 이미지는 글의 뼈대가 되고 글의 맛이 된다고 우기는 일도 결코 무리는 아닙니다. 그런 생각으로 옛 절터에서 사방을 둘러봅니다. 관세음이란 말에 끌려 그걸 보고 듣고자 눈과 귀를 은근히 세웁니다. 절이 융성하던 시절이 보이는 듯합니다. 안개처럼 사라지기도 합니다. 덧없고 덧없는 중얼거림이 바람소리처럼 귓전에 들리는 듯합니다. 덧없음은 침묵 속에 녹아 침묵이 되어 사람들의 가슴을 잠재웁니다.

> 잎을 떨쳐버리고 빈 가지로 묵묵히 서 있는 나무들을 바라보고 있으면, 내 자신도 떨쳐버릴 것이 없는지 되돌아보게 된다. 나무들에 견주어볼 때 우리 인간들은 단순하지 못하고 순순하지 못하며, 건강하지도 지혜롭지도 못한 것 같다. 그저 많은 것을 차지하려고만 하고, 걸핏하면 서로 미워하고 시기하면서 휘두르려 하며, 때로는 한 치 앞도 내다보지 못한 채 콕 막혀 어리석기 짝이 없다.
>
> 오늘 오후, 옷깃을 여미게 할 만큼 바람 끝이 쌀쌀하고 잔뜩 찌푸린 날씨였다. 산을 오르기로 했다. 산에 사는 사람이 산을 오른다고 하니 이상하게 들릴지 모르지만, 산속에서도 오를 산은 얼마든지 있다. 그래서 첩첩 산이라고 하지 않던가.
>
> 뒷등성이로 올라 오리나무숲을 찾아갔다. 오리나무숲도 잎들을 어지간히 떨쳐버리고 옹기종기 모여 겨울채비를 하고 있었다. 훨훨 벗어버린 나목裸木의 숲 속을 거닐고 있으면, 이상하게도 아주 포근하고 따뜻하게 나무들의 체온이 다가선다. 잎을 무성하게 달고 있을 때는 그런 걸 느낄 수 없었는데, 빈 가지로

서 있는 나무들에게서 도리어 따뜻함을 감촉할 수 있다.

— 법정, 「버리고 떠나기」 부분, 『다시 읽는 우리 수필』 김종완 편저, 을유문화사. 2004.

법정 스님의 한 구절을 음미합니다. 그 속에는 버림으로써 비로소 깨끗해지고 버림으로써 비로소 따뜻해짐을 깨닫게 하는 버림의 아름다움이 차곡차곡 들어 있습니다. 메모를 한다는 것은 버림이 아닌데 하는 생각이 듭니다. 그래 이번에는 채움과 버림에 대한 생각으로 마음이 가팔라집니다. 채움이 있어야 버림이 있다는 말을 합니다. 사람은 채우고 버리는 일을 거듭 즐깁니다. 돈을 벌고 돈을 씁니다. 나무도 잎을 달고 잎을 버립니다. 메모 또한 채우고 버리는 일입니다. 하나의 채움은 하나의 버림입니다.

깨진 기왓장을 손바닥에 올려봅니다. 상수리나무 잎을 닮았습니다. 기와는 깨어지면서 혹 상수리나무에 등을 기대고 있었을지도 모릅니다. 아니면 어느 가을 상수리나무 잎이 떨어져 기와의 적멸을 덮어주고 있었을 것입니다. 빗살무늬가 조금 비치는 듯합니다. 그것은 상수리나무의 잎맥을 닮은 듯합니다. 이렇게 기와를 보고 있으니 나뭇잎 소리가 들리는 듯하고 나뭇잎을 스치던 산기슭 바람 소리 또한 스치는 듯합니다. 한갓 기와 조각에서 바람 소리 물소리를 떠올리는 것은 사라진 옛날을 아쉬워함이라고 짐짓 말해봅니다. 그런 적멸, 그런 허무입니다. 아니 그런 채움, 그런 비움입니다.

기와 조각을 보다가 눈은 다시 앞산으로 향합니다. 그 앞산을 메모지에 다 담을 수는 없습니다. 앞산을 다 담기에는 보고 아는 것이 너무 부족합니다. 앞산의 푸른 숲이 가을로 가고 있다는 말만 할 뿐입니다. 여름내 짙푸르던 나뭇잎이 조금은 탈색되고 산머리의 구름도 어디로 떠날 날개옷으로 갈아입은 듯합니다.

산을 보면서 보는 자 나름대로의 산을 염두에 두고 챙기기 때문에 산은 백 개의 산이 되고 천 개의 산이 됩니다. 수필의 다양성을 그런 점에서도 찍어 말할 수 있다는 점에서 수필의 맛은 보다 더 깊고 다양하고 아릿합니다.

앞서 메모한 내용에 '머릿속으로 지나가는 모든 파장이 기억의 그물에 걸리는 것은 아니었다. 머릿속의 기억과 서로 파장이 맞아떨어지는 기억이란 파일이 문을 열어 추억을 살짝 돌려주었다.'고 쓴 것이 나옵니다. 인간의 머릿속에는 갖가지 전파가 밀물 썰물처럼 끊임없이 들고 납니다. 그냥 지나치는 전파가 있는가 하면 딱 마주치는 전파가 있습니다. 시쳇말로 코드가 맞는 전파가 있고 그러지 않는 전파가 있다는 말이 되겠습니다. 코드가 맞아 떨어지는 전파가 각자의 가슴에 닿아 감흥을 일으킵니다. 나는 지금 추억이란 전파파일을 들추고 있습니다.

흔히 상상력을 말할 때 허구를 들추는데 지나가는 전파는 허구가 아닌 실질적인 상황이 눈에 보이지 않는 구조물일 뿐입니다. 잠자고 있던 기억장치는 코드가 맞아 떨어지는 적극적인 전파에 의하여 잠을 깨웁니다. 미처 의식하지 못했던 기억상자가 열려 그 속에서 추억이란 회로망을 드레질합니다. 물론 억지로 지어낼 수 없는 일입니다. 지어낼 때 그것은 코드가 어긋나는 허구입니다. 허구는 전파처럼 오는 것이 아니고 머릿속으로 지어내는 의도적인 구조물입니다. 수필은 지어내는 것이 아닌 미처 챙기지 못했던 것, 잃어버린 것을 다시 찾아 새롭게 직조하는 창조적 상상력입니다.

잃어버렸던 시간의 회로를 새롭게 복구하는 구체적이고 기발한 작업, 그것이 수필입니다. 메모는 복구된 회로를 놓치지 않으려는 적극적인 필기노력입니다. 아무리 코드가 맞는 전파이지만 울림이 오는 당시 신호를 받지 못하면 그냥 스쳐 지나가고 맙니다. 기회를 놓칠 때 그 기회는 다시 오기 어렵다는 것을 생활을 하면서 절감합니다. 순간포착, 순간필기란 말에 고개를 끄떡이게 됩니다.

한번은 산길을 내려오는데 어떤 이미지가 떠올라 호주머니를 뒤졌습니다. 그런데 그날따라 호주머니에 있어야 할 볼펜과 쪽지가 없었습니다. 하는 수 없이 입속으로 중얼거리며 내려오는데 돌너덜 하나를 조심조심 지나는 사이 깜빡 놓치고 말았습니다. 그걸 놓친 줄도 모르고 집에 닿았습니다. 산길에서 떠오른 이미지를 뒤져보는데 머리 구석 어디에도 그 흔적은 남아 있지 않았습니다. 그걸 찾으려 돌너덜이 있는 산길로 도로 올라가 기억회로를 더듬어 본 적이 있습니다. 하지만 사라진 이미지는 매정스럽게도 찾아낼 수 없는 번지 없는 주막처럼 허전했습니다.

교통카드를 챙기듯 호주머니에 볼펜과 쪽지를 챙겨야 마음놓고 바깥나들이를 할 수 있습니다. 그리고 마음놓고 돌너덜을 지날 수 있습니다.

도시에서 쓰는 진정서

도시는 집결지입니다. 새 생산품은 도시에서 먼저 선을 보입니다. 벼슬을 하는 사람도 도시에 뿌리를 두고 선을 보여야 세상으로 나가는 길이 빨리 트인다고 믿습니다. 수필가 역시 도시에서 부대껴야 도시의 땅내를 맡고 잎을 피우고 바라던 좋은 결실을 맺는다고 합니다.

정보화 시대는 사람을 도시바라기 인간형으로 거미줄처럼 얽어매는 것 같습니다. 하기에 WWW(world wide web)입니다. 도깨비방망이 같은 컴퓨터 앞에 앉아 쌀 나와라 뚝딱, 돈 나와라 뚝딱하는 시대입니다. 농토가 변하여 운동마당인 골프장으로 둔갑합니다. 디지털 시대의 상전벽해桑田碧海입니다.

사람이든 상품이든 그것이 모이는 곳에는 파도소리 같은 소리가 요란합니다. 사람이 떠드는 소리, 사람과 상품을 운반하는 기계음이 한 수 더 뜹니다. 기계인 자동차는 도시인이 필요로 하는 상품을 운반 중이라는 으스대는 소리를 그렁그렁 질러댑니다. 도시는 자연 소리의 범벅으로 넘칩니다. 도시인은 그 범벅을 먹고 범벅과 함께 살아야 합니다. 소리란 소리는 모두 만들어내는 도시는 소리의 범벅공장입니다.

교향악단의 악기는 서로 다르면서 화음을 드러냅니다. 관악기와 현악기가 다정하게 팔짱을 낍니다. 취주악기와 타악기는 입술과 손바닥의 은근한 뽀뽀신호처럼 어울립니다. 그런데 도시의 잡다한 소리는 어느새 소음이란 지리멸렬로 바뀝니다. 온갖 소리가 서로 목청을 돋우니까 어느 소리가 어느 소리인지 구별이 잘 되지 아니합니다. 그 소리를 화음으로 들을 수 있을 때 비로소 도시인이 되는 거라고 말하고 싶습니다. 교향악단의 소리만이 아닌 도시의 소리가 이제는 교향악단의 화음이라는 생각을 하게 됩니다.

어느 길에서였습니다. 딱따기를 치는 소리가 들렸습니다. 전에 야경을 돌 때 듣던 소리였습니다. 대낮에 야경을 돌 일이 있나 봅니다. 그리스의 철학가 디오게네스는 대낮에도 등불을 켜고 거리를 다녔다지요. 딱따기 소리가 청각신경을 자극하는 이미지라면 등불은 시각을 자극하는 이미지라고 슬쩍 말을 바꾸어 봅니다.

많은 군중이 오가는 길에서 치는 딱따기 소리는 사람들의 이

목을 소리 쪽으로 기울게 하였습니다. 그런 점 딱따기 소리는 소리의 등불 효과를 갖습니다. 귀는 소리를 잡고자 소리 쪽으로 기웁니다. 소리를 따라 고무줄처럼 쭉쭉 늘어지는 귓바퀴를 볼 수 있을 것입니다. 눈인들 가만히 있지 아니합니다. 소리가 있는 쪽을 찾아 눈알이 그쪽으로 튀어나가 사물을 끌어들입니다. 소리를 듣고 보는 일은 귀가 소리를 낚아채고 눈이 소리에 가서 소리를 찍어옵니다. 사람의 귀와 눈은 질긴 신장력伸長力과 강력한 흡인력이 붙은 자석입니다.

소리는 공기매체를 타고 귀에 들린다고 하는 것은 자연과학이 이미 알려주었습니다. 눈은 물체를 알아보는 지각신경을 갖고 있습니다. 그러나 수필은 과학이 증명하지 못한 부분을 찾아 밝혀내려는 또 하나의 감각적인 시적과학기능입니다. 허튼소리 하지 말라고 딱 잘라버리면 수필은 과학적 증명을 일삼는 합리적인 과학의 시종侍從에 지나지 않게 됩니다. 수필적 상상력이란 합리적인 사고가 아닌 비합리적인 사고에서 새로운 세계를 창출하는 합리적 사고입니다. 돌은 이리 깨트리고 저리 깎고 다듬어야 하나의 반듯한 작품으로 얼굴을 내밉니다.

그림은 시각적인 효과가 문장보다는 빠른 편입니다. 소리가 들리는 쪽으로 고무줄처럼 길게 늘어진 괴기미怪奇美가 보이는 귀와 눈이 그림 속에 나타납니다. 소리가 들리는 방향을 찾아 귀는 한없이 팽창하는 고무줄이 됩니다. 그 순간 얼굴의 모든 근육이 귀를 따라 빵빵하게 늘어집니다. 눈알도 귀와 다를 바

없습니다. 팽창된 귀와 돌출된 눈의 현상은 소리를 듣고 보는 한 찰나의 괴기스런 신체반응입니다. 그 찰나를 잡은 작품이 이른바 비구상화 같은 수필이라면 어떨까 싶습니다.

도시인은 모두 그런 그로테스크한 힘에 끌려 살아가는 것이라고 잠깐 사방을 둘러봅니다. 그랬더니 사람들은 모두 그가 가야할 길을 향하여 발걸음이 앞으로 쭉쭉 뻗어 있는 기다란 나무막대기처럼 보였습니다. 거리에 돌아다니는 무수한 인간상은 나름대로 모두 움직이는 막대기입니다. 그런 점 도시인은 스스로도 모르는 사이 희화戱畵를 그리고 그 희화 속에 살아갑니다. 그런데 어떤 수필은 불행하게도 그런 희화를 염두에 두지 않고 염두에 두는 것조차 기피하고자 합니다.

집에 돌아와서 모처럼 화분을 보는데 꽃망울이 터지는 중이었습니다. 꽃망울은 햇볕이 뜬 쪽으로만 기울고 있습니다. 그걸 돌려놓았습니다. 아무리 돌려놓아도 꽃망울은 다시 햇볕을 찾아 그쪽으로 기울 것입니다. 햇볕은 사람의 귀로는 들을 수 없는 소리를 하기 때문에 소리를 듣는 꽃이 소리를 따라가려 합니다.

소리 방향에로 마음의 귀와 눈이 쏠려 소리를 낚아채는 것은 거의 본능적인 행위입니다. 들리지 않는 소리가 들리는 소리보다 더 크다는 것을 화분을 보면서 어렴풋이 짐작할 수 있습니다. 식물이 갖는 청각과 감각기능에 의하여 들리지 않는 햇빛 소리를 듣고 보이지 않는 햇빛 소리를 보고 해석하는 구조를 사람이 익히는 것이라며 터무니없는 생각을 합니다. 이 터무니없는 생각이 수필의 밑거름이 되고 꽃이 될 수 있습니다.

도시의 소리는 소리를 초월한 소음이나 다름없는 잡다한 소리의 폭탄입니다. 소리를 듣는 것은 터지는 폭탄 소리를 보고 듣는 일입니다. 소리는 더 큰 소리를 낳습니다. 딱따기 소리는 도시에서 듣는 또 다른 소리의 폭탄, 소음입니다. 그러나 사람들의 귀는 그 소음에 이미 길들어 있어 소음이 아닌 소리로만 들립니다. 길든다는 것은 타성에 젖는다는 말이 됩니다. 타성은 더 큰 소음을 낳는 원인 제공을 합니다. 작은 소음은 이제 죽은 소음에 지나지 아니합니다.

어느 공사장에서였습니다. 커다란 철제 H빔 하나가 크레인의 입에 물려 공중에 댕그랗게 매달려 있었습니다. 크레인 꼭대기에 올라가서 일인시위를 하는 사진을 본 적이 있습니다. 시위를 하는 그가 H빔이라는 생각이 들었습니다. 그 H빔이 땅바닥에 끌려갈 때였습니다. 고분고분 끌려가는 것이 아니었습니다. 마구 악을 쓰는 소리가 귀에 따갑도록 들렸습니다. 이 세상의 굉음이란 굉음은 모두 그 끌려가는 H빔에 동조하며 기울어지는 것 같았습니다.

그러나 소음은 도시를 건설하는 힘입니다. 소음은 도시를 세우는 오케스트라입니다. 아무리 껄끄러운 소리라도 그것이 귀에 익으면 친근한 소리로 다가옵니다. 사람의 귀는 그렇게 길들기를 좋아합니다. 그런 설왕설래 속에서 도시는 자라고 때로는 질병을 앓습니다. 진폐증을 앓거나 신경결핍증과 뇌종양을 앓습니다. 그것은 현대도시가 갖는 질병이며 현대도시가 치유하는 질병이며 현대도시가 성장하는 과정입니다. 고통이 성장의 길입니다. 더 많이 앓고 더 많이 치유되어야 도시는 더 도시다워집니다.

도시에 사는 수필가는 도시적 정서가 깃든 수필을 씁니다. 그것을 도시수필이라고 우선 말하고 싶습니다. 복잡한 구조처럼 도시수필 또한 그 구조를 닮게 됩니다. 여러 가지 성능이 다른 복잡한 악기음색으로 구성된 관현악단이 하나의 조화된 달콤한 음색을 낳듯 수필 또한 소음을 걸러낸 정제된 주제를 빚어냅니다. 얼크러진 여러 갈래의 회로망은 그 회로마다 갖는 길이 있습니다. 길을 잃고 방황할 때 회로의 기능이 깨집니다. 수필 속에 들어 있는 문장 또한 하나하나의 회로망입니다. 그 회로망이 깔린 길을 찾아봅니다. 그러면 도시인의 모습이 보일 것도 같습니다. 그 모습은 때로 깍쟁이 같고 때로 아름답기도 합니다. 도시 속의 삶이 갖는 다양한 정서입니다.

'주인이 오늘 일진이 별로 안 좋은가 보군. 다른 날이라면 옥신각신 되지도 않는 흥정에 신나서 너스레를 떨 때도 있을 걸. 혹시 젊고 예쁜 아기씨였다면 우중충한 지하도생활에 빛을 내주는 값으로 천 원을 깎아 5,000원에 두 켤레로 인심 쓰지 않았을까.'하는 생각으로 구시렁거리며 두 켤레를 가방에 넣고서는 스타킹 값으로 5,000원을 셈하고, 천 원은 꺼내서 속으로 '아저씨, 이건 팁이에요.'하고 건넨다.

지하도를 벗어나자마자, 내가 왜 그렇게 기분이 좋았는지, 그래서 별로 값을 깎고 싶은 생각도 없으면서 실없이 흥정을 했는지 그 이유를 깨달았다. 반짝거리는 봄볕이 마구마구 쏟아져 내리고 있었던 것이다. 모처럼 찾아 온 햇살이 내 마음에 부린 조화 때문이었다. 이왕이면 좌판주인과의 대화가 이랬더라면 좋았을 걸, 그러면 그와 나는 기외의 선문답을 나누었을 텐데.

— 서숙, 「일금 오천 원으로 봄을 사려다가」 부분, 『일부러 길을 잃다』 선인, 2007.

'반짝거리는 봄볕이 마구마구 쏟아져 내리'는 거리에서 '마음에 부린 조화'를 지하도에서 스타킹을 사는 것으로 풀어냅니다. 겨우내 움츠리고 있던 마음을 봄볕이 포근하게 풀어주는 날입니다. 도시의 삶이란 어떤 점 지하도 같은 삶이 아니겠습니까. 모처럼 나들이를 하는 수필가의 마음은 지하도를 벗어나며 다소 들뜨고 있었는지 모릅니다. '반짝거리는 봄볕' 때문입니다. 지하도, 햇볕으로 표출하는 수법은 전형적인 도시인의 모습이며 소음감상법입니다.

소음의 거리에서 잠깐이나마 소음을 피할 수 있는 마음의 여유가 스타킹을 사는 장면이라면 어떻겠습니까. 땀을 흘리며 공사판에서 일하는 작업인부는 작업이 끝나면 한잔 막걸리로 그날의 피로를 확 풉니다. 수필가는 '반짝거리는 봄볕'에서 소음의 거리에 사는 마음을 슬슬 달랩니다.

지하도를 벗어나면 거기 또 높고 거대한 빌딩이란 구축물이 앞을 턱 막아섭니다. 전에 단층 · 이층에 지나지 않던 건물이 어느 날 사라지고 없습니다. 꽃과 사람만이 화무십일홍花無十日紅은 아닙니다. 어제 있던 건물은 오늘의 건물이 아닙니다. 높이를 헤아릴 수 없게 치솟은 건물이 버티고 위용을 자랑합니다. 그렇게 하지 않으면 마치 속도시대에 뒤진다는 생각이 건물에도 있는 것 같습니다.

수필가 박현수는 『소리에도 향기가 있다』라고 그의 수필집에서 말을 합니다. 그런 측면만이겠습니까. 건축물에도 향기가 있고 소리가 있습니다. 화장품 회사 앞을 지나가면 후각은 자연스럽게 화장품 향기에 젖습니다. 양조회사 앞에서는 향기로운 술이 후각과 미각을 자극합니다. 선한 사람이 사는 마을에서는 아름다운 마음의 향기를 지각할 수 있습니다.

건물도 소리를 합니다. 낮은 자세로는 그 소리가 멀리까지 들리지 않아 더 높이 키를 세워 소리를 전하고자 합니다. 뿐만 아니죠. 사람의 시선을 끌고자 하면 높이 솟아올라야 했습니다. 높은 건물 속에는 높은 분들이 일을 하고 맑고 향기로운 마음을 가진 분들이 살고 있을 거라는 생각이 듭니다. 고개를 들고 보아야만 높은 꼭대기까지 볼 수 있는 건물은 우러름의 대상입니다.

향기는 소리에 있고 바람에 있고 꽃과 나무도 나름대로 품고 있습니다. 사람은 물론입니다. 사람마다의 향기를 갖습니다. 때로 그 향기는 향기가 아닌 냄새를 피우기도 합니다. 향기가 냄새로 변할 때 구린 것이 됩니다. 남의 돈을 먹고 수갑을 찬 사람에게서는 구린 냄새가 납니다. 그런 냄새 말고도 구수한 된장국 끓는 냄새가 있긴 하지만.

수필가는 향기의 주머니입니다. 그 향기의 타래는 언어로 풀어냅니다. 언어는 수필가의 사상이 녹아 작품으로 분출됩니다. 그 작업을 하고자 수필가는 언어에 고민합니다. 『일부러 길을 잃』[서숙]기도 합니다. 살면서 가끔 멋도 부려야 맛입니다. 짐짓 능청을 떱니다. 허튼소리 같은 덤을 얹어주는 것입니다. 그것은 말할 나위도 없이 수필을 구제하는 힘이 됩니다.

나무는 쓰러진 다음 비바람을 맞으면서 썩습니다. 썩은 몸으로 이끼를 키우고 곰팡이를 키웁니다. 그 이끼와 곰팡이를 찾아 온갖 벌레와 산짐승이 찾아들어 숲이 더욱 울창하게 자랍니다. 소음의 도시에서 수필집은 썩어 도시를 더욱 번성하게 하는 이미지가 되리라고 믿습니다. 그런 보람과 희망으로 수필가는 보이지 않는 물상과 들리지 않는 소리의 이끼를 찾아내는 술래입니다.

찾아낸 이끼는 지성과 감성이라는 도구로 마름질을 하고 다듬질을 합니다. 다시 해가 뜨고 도시의 하루는 소리 속에서 소리를 먹으면서 더욱 활기차게 성장합니다. 도시는 자라는 풍경입니다.

수필, 깊이 읽고 생각하기

1.

수필가는 바른 공수를 받고 전달하고자 대상과 더 깊이 사귑니다. 가령 강물에게서 공수를 받을 적에는 강물의 표면을 쓰다듬으며 운을 뜹니다. 그러다가 차차 강물 밑바닥으로 주문呪文을 받고 보냅니다.

강물이 몸을 트는 강물의 몸짓, 강물이 숨 쉬는 강물의 맥박, 강물이 다른 강물과 어울리는 은근한 교감, 강물이 햇빛과 달빛에 눈 맞추는 깊고 은근한 눈빛, 강물이 갈대밭에서 소곤대는 소리, 강물이 강물에게 귀띔을 주고받는 소리에도 귀를 기울입니다.

물론 그것만은 아닙니다. 강물이 지나온 길을 찾아 강물이 갖는 본래 모습을 꿰뚫어보는 일도 잊지 아니합니다. 강물에서 어떤 분위기를 파악하고 그 분위기와 어울리는 마을도 놓치지 말아야 할 강물감상법을 익힙니다.

당연한 일이지만 강물에 한정된 이야기만은 아닙니다. 강물에는 강물의 길이 있습니다. 그 길을 강이라고 하는 것은 이미 상식이 된 언어구사입니다. 수필은 상식이 된 언어구사를 탐탁하게 여기지 아니합니다. 새로운 언어 창출에서 보다 다양한 수필세계를 음미할 수 있습니다. 진솔하다는 것은 대상의 맥을 깊고 따뜻하게 감싸는 일입니다. 그것은 과학적 진실성을 말하는 것만은 아닙니다. 시적진실성에 기대는 것이 강물을 더욱 깊고 다양하게 보는 시각이기도 하겠습니다.

강물은 강물끼리 한 몸이 되고자 바다에 이릅니다. 강물이 흐르는 것은 시간이 흐르는 것입니다. 시간 속에는 세월이란 맥이 있습니다. 보이지 않는 맥을 강물에서 짚어봅니다. '가는 자 이와 같다'고 설파한 공자의 말씀은 세월을 보는 시각적인 이미지입니다.

강은 길입니다. 나뭇잎은 나뭇잎의 길을 따라 떨어집니다. 강물이 몸을 흔들며 흘러가듯 나뭇잎 또한 몸을 뒤척이는 강물입니다. 나뭇잎의 시간입니다. 안전한 낙하를 위해서 몸을 가볍게 뒤척여야 하는 나뭇잎처럼 강물 또한 몸을 뒤척이면서 흐릅니다. 유연한 몸짓이라고 하겠지요. 잔잔한 흐름에서 담담하고 편안한 뜻을 읽을 수 있습니다. 액체인 물만이 아닙니다.

언어에도 소리의 뒤척임이 있습니다. 소리 속에 숨은 언어의 형태를 기호로 나타낸 것이 문자라고 하지요. 상징기호 또한 문자입니다. 그 기호를 나름대로 몇 개 적어봅니다.

☼, 햇빛처럼 쨍하게 맑고 환하다.
○, 모든 일이 원만하다.
♡, 사랑하는 마음.
♨, 따뜻하게 달아오른다. 부글부글 끓어오른다.
♬, 노래처럼 즐거운 낭랑18세.
□, 세상 살기 너무 빠듯하다. 모든 일은 정확하게.
◇, 껄끄러운 세상살이.
/, 날이 시퍼렇게 선 폭군.
☂, 우중충하다. 세상이 흐리고 불투명하다.
△, 몹시 부대낀다. 콕콕 찌른다.

이렇게 소리를 형태로 나타내면 형태문자를 구성할 수도 있지 싶습니다. 실없는 시뮬레이션임에는 틀림없겠습니다. 다만 사람이 말하는 소리를 형태로 나타낼 수는 없을까 하는 궁한 시도일 뿐입니다. 형태학에 기대고자 하는 의도는 더더구나 아닙니다. 원시언어를 모방하고자 하는 의도 또한 아닙니다. 다만 형태 없는 것에 형태를 부여할 수 있겠다는 얇은 생각일 뿐입니다. 수필을 하는 일은 여러 가지 새로운 시도로 수필의 세계를 확대심화시킬 수 있다는 의도로 읽어도 좋습니다.

남들이 하지 못한 말을 찾아 나타내는 것이 수필의 또 다른 몫이며 보람이라고 하겠습니다. 하늘에 뜬 구름은 하늘의 문자메시지라고 어느 시 구절에서 표현한 적이 있습니다. 흰 구름과 검은 구름에서 하늘의 뜻을 읽을 수 있습니다. 비구름과 눈구름 또한 그렇습니다. 태풍 전야의 구름 속에는 용틀임 같은 소용돌이가 있었습니다. 발 빠른 용틀임 구름은 태풍전야란 기호입니다.

소나무 등걸에는 거북등처럼 갈라진 나무껍질이 더덕더덕 붙어 있습니다. 산길을 타다가 소나무의 뜻을 읽는 마음으로 소나무 곁에 섭니다. 껍질은 소나무가 자란 내력인 결승문자입니다. 그것을 받아 읽을 재주는 전혀 없습니다. 그러나 소나무가 자라면서 겪은 풍상은 예사롭지 않다는 생각만은 지울 수 없습니다. 사람이 사는 세상살이가 여간 아니게 어렵고 힘든 처지인데 하물며 눈도 귀도 없는 소나무야 오죽하겠습니까. 그것이 소나무의 정신입니다.

강물의 흐름에서 수필가마다의 마음에 흐르는 강물을 다시 봅니다. 어떤 강물은 밋밋합니다. 어떤 강물은 몸부림을 치듯 출렁입니다. 어떤 강물은 강기슭 돌무더기 새로 몸을 감춥니다. 흐르다가 흐름을 멈춘 강물도 있습니다. 강물을 보는 것은 세상의 마음을 보고 읽는 일이기도 합니다.

천편일률이라고 하는 말을 듣는 것은 따분합니다. 피상적인 시각으로 대상을 보고 나타낼 때 그런 말을 듣기 쉽습니다. 겉보기만으로 쓴 수필은 복제수필이 되기 쉽다는 말로 바꾸어 볼 수도 있습니다.

성형수술을 받을 경우 가령 어느 미인의 얼굴처럼 성형해 달라고 주문한다면 수술결과는 어떨까요. 열 사람이면 열 사람이 거의 다 비슷한 복제미인이 되어 나타날 것입니다. 개성이 없는 미인은 미인이 아니지요. 개성이 없는 문학은 복제문학이라고 말할 수 있습니다.

수필 또한 제 목소리를 가지라는 주문을 받습니다. 그래야만 비로소 개성 있는 수필문학의 참다운 미인의 길이 트입니다. 남의 것을 흉내 내고 남의 것을 새치기한다면 그것은 올바른 수필문학이라고 할 수 없습니다.

> 어둠은 가만히 있다가도 문득문득 동그만하거나 뾰족한 작은 산이 되어 다가와 위협이나 하듯 나타나 순식간에 지나가곤 했다. 한편 큰 산들은 큰 덩어리가 되어 어둠을 멀찌감치서 지키고 서 있어야 작은 덩어리의 어둠이 지탱을 하는 것 같았다. 그것이 기묘한 조화를 이루고 있었다. 그게 안정일는지 모를 일이었다. 그러는 사이에 작은 것들은 연이어 치달아 와선 금시에 사라지곤 했다. 나는 이런 변화를 가만히 응시하고 있었다.
>
> 어둠은 본시 삼키지 않는 것이 없는 것이다. 어둠의 포용력은 무한대인 까닭이다. 그것이 팔을 벌리면 삼라만상이 그 속에 들어가 고요해진다. 그리하여 공간은 어둠 속에서 숨을 죽인다. 그때 공간은 태고적의 침묵으로 되돌아가려고 한다.
>
> — 김병규, 「어둠의 유혹」 부분, 『목탄으로 그린 인생론』 문학세계, 1982.

'큰 덩어리의 어둠'과 '작은 덩어리의 어둠'을 보는 남다른 시각이 빚은 구절이 수필이 갖는 몫입니다. 김병규 수필가만이 갖는 어법으로 수필은 보다 참신한 빛을 띱니다. '어둠의 포용력은 무한대'입니다. 그리하여 '어둠 속에서 숨을 죽'이는 '태고적의 침묵'을 들을 수 있는 예리한 어둠관찰이 살아 팔팔하게 움직이는 어둠의 또 다른 형태를 봅니다. 광맥을 찾아 곡괭이를 휘두르듯 수필가는 어둠 속에 깊이 잠긴 어둠의 실체를 찾아 도전합니다. 이런 도저한 정신이 수필을 보다 깊고 윤택하게 하는 알찬 힘이 됩니다.

2.

수필을 한마디로 뜻을 매기라고 하면 난감합니다. 뜻을 매긴다는 것은 올가미를 씌우는 일입니다. 수필은 그렇게 만만하고 함부로 다룰 일언지하의 성격은 아닙니다.

수필을 논하는 사람들이 이런 것은 되고 저런 것은 아니 된다고 딱 잘라 말하는 것은 그렇게 말하는 자의 몫에 지나지 아니합니다. '수필은 청자연적이다'(피천득)는 청자연적처럼 맵시 있고 은은하고 짜임새 있는 분위기를 염두에 둔 언급에 지나지 아니합니다.

수필은 솔잎차 맛이다, 녹차 맛이다, 강물 소리다 등 담담하고 나긋나긋한 언술이 수필의 분위기를 둥 띄웁니다. 그렇다고 수필은 태평성대 같은 양반문학만이 아닙니다. 정情의 미학만도 아닙니다. 부정을 저지르고도 출세하는 사람은 다른 사람더러 부정을 저질러서는 아니 된다고 합니다. 그가 저지른 부정이 탄로날까봐 겁을 먹은 것입니다. 그걸 고발하는 책무도 수필은 갖습니다. 시체 썩는 퀴퀴한 냄새, 피투성이가 된 레슬러의 경기가 수필의 맥을 더욱 꿈틀거리게 합니다.

세상의 어떤 구조는 돈 놓고 돈 먹기나 다름없는 조직체로 구성원을 먹여 살리기도 합니다. 노동판에서 피땀 흘리면서 일하는 사람이 있습니다. 강자는 그 자리를 유지하기 위하여 알량한 모이로 약자를 꾑니다. 강자는 강자로 세습되고 약자는 약자로 세습됩니다. 노동운동은 그 세습을 뒤집어 보자는 의미도 갖습니다. 씨름판의 뒤집기전략이라고 할까요.

수필이론서는 이런 저런 말을 합니다. 그러나 다음 글을 짚어보면 수필을 하는 요령이며 수필을 하는 정신이 번쩍 떠오릅니다.

> 장작을 패려면 우선 도끼 볼 줄부터 알아야 한다. 도끼라고 다 같은 도끼가 아니다. 볼이 얇고 날이 넓은 것이 있는가 하면 반대로 볼이 두텁고 날이 좁은 것이 있다. 볼이 얇고 날이 넓은 것은 나무를 자르는 데 편리하도록 되어 있다. 산판山坂에서 벌목할 때 주로 이런 도끼를 쓴다. 서양 도끼와 비슷하다. 볼이 두텁고 날이 좁은 것은 나무를 쪼갤 때 쓴다. 날이 좁아서 나무의 결을 파고드는 데 유리하고 볼이 두터워서 쐐기 역할을 하기 때문에 나무가 잘 쪼개진다. 장난감같이 작은 도끼도 있는

데 이것은 부엌에서 불쏘시개를 만들 때 쓴다. 모양에 따라 용도가 달라진다는 이야기다.

— 손광성, 「장작패기」 부분, 『달팽이』 을유문화사, 2000.

수필은 선비가 웅크린 담담하고 답답한 골방에서 벗어나고자 합니다. 보다 더 진지하고 치열한 삶의 현실에 뛰어들어 장작을 패듯 날카롭고 지혜로워야 합니다. 삶의 진실을 깨달으려는 길에 나서야 합니다. 원두막에 누워 하늘에 뜬 한가한 솜구름을 보거나 수박을 툭 따개는 시원한 바람은 이미 수십 번이나 우려먹은 식상한 이야기입니다. 수박은 보기에 따라 사람의 두개골입니다. 요강입니다. 새로운 이야기를 찾아 떠나는 고행의 길을 찾아 나선 자가 수필가입니다. 그 길에 깔린 흙바람, 그 길에 깔린 진구렁, 그 길에 깔린 독사의 무리, 그 길에 깔린 질퍽한 피투성이를 외면할 수는 없습니다. 새로운 세계를 천착하는 정신이 깃든 곳에 새로운 수필은 팔팔하게 핍니다.

수필은 추억에 놀고 선들바람에 겨드랑이를 추켜드는 따위의 음풍농월이 아님을 수필가는 자각합니다. 식상한 과거성찰과 담담한 이야기의 굴레에서 벗어나는 곳에 수필의 참얼굴이 있음도 압니다. 수필가는 그 얼굴을 찾아 축제의 횃불을 드는 개혁자입니다.

그렇다고 수필가에게 피투성이 같은 엄청난 과제만 주어진 것은 물론 아닙니다. 돌담 아래 핀 가녀린 패랭이꽃에 눈을 주고 그 꽃잎을 스치는 바람에도 귀를 기울이는 미세한 감각을 지닌 자가 수필가입니다. 산에서 바다를 보고 땅 위에서 하늘을 볼 줄 아는 감각을 지닌 자 또한 수필가입니다.

수필에는 항상 따라다니는 의식意識이란 깨우침이 있습니다. 그 의식을 동반할 때 수필은 새로운 세계로의 날개를 활짝 펼칠 것입니다.

스위스의 화가 폴 끌리에(1879~1940)의 말이 생각납니다. 미술은 보이는 것을 표현하는 것이 아니라 어떤 것을 보이게 하는 것이라고 했습니다. 이를 물론 수필에도 적용시킬 수 있습니다. 수필가가 표현하고자 하는 것은 겉보기의 대상이 아닌 그 내면에 있습니다. 내면풍경의 표출이 수필의 한 몫입니다.

진부한 수필이란 겉보기만으로 직조된 수필입니다. 누구나 다 보고 들리는 대상을 그대로 그릴 때 수필은 한갓 대상의 기록에 지나지 아니합니다. 수필가는 한사코 시뮬레이션을 기피합니다.

폴 끌리에는 수필가에게 수필의 길을 그림을 통해서 알려주었다고 보겠습니다. 고마운 일입니다.

수필지망생을 위한 작은 노트

수필을 잘 할 수 있는 길이 있다면 누구나 그 길을 찾아 가고자 할 것입니다. 수필창작 이론서라는 것이 그 길이 되기도 합니다. 그러나 이론을 빠삭하게 익히고도 수필다운 수필을 하지 못하는 처지이니 이론 다음에 무엇이 있나 하고 기웃거리게 됩니다.

아무리 두텁고 자상한 이론서라고 하지만 그 속에는 많이 읽고 많이 써보고 많이 헤아려 보라는 구절 외 별다른 내용은 없다고 해도 지나친 말은 아닙니다. 수필은 어떤 형식으로 직조되느냐 하는 문제가 이론서에 주로 다루어집니다. 흔히 수필은 무형식의 글이라고 하는데 이는 형식이란 말을 잘못 알고 있는 탓입니다.

그러면 먼저 수필의 형식은 뭐냐 하는 문제부터 풀어나가겠습니다. 시의 형식에 이미지, 비유, 상징, 아이러니 등이 강조되듯 수필은 관조, 상상, 배경 등이 작품의 주류를 이루는 형식입니다. 다시 말하자면 수필의 소프트웨어입니다. 이에 반하여 하드웨어를 생각하지 않을 수 없습니다. 이를 형태라고 하겠습니다. 문체 즉 스타일style입니다. 수필의 경우 상상의 효과상승을 위한 문장의 밀도, 문단의 짜임새 등을 말할 수 있습니다.

누구나 다 말하듯이 대상을 깊이 보고 해석하는 길을 갈고 닦으라고 합니다. 단순한 관찰이 아닌 경험과 예지의 눈으로 대상을 새롭게 읽는 일입니다. 그것이 관조입니다. 가령 여기 그릇 하나가 있습니다.

(a) 그릇의 생김새와 그 빛깔은 어떤가.
(b) 그릇을 차지하거나 알게 된 경로는 무엇인가.
(c) 그릇 속에 무엇이 들어 있는가.
(d) 그릇 주위에 있는 다른 사물과의 관계는 무엇인가.
(e) 생활 속에서 차지하는 그릇의 용도와 미적가치는 무엇인가.
(f) 그릇을 다루는 사람들의 섬세한 손을 본다.
(g) 그릇 외 다른 용도로 쓰일 수 있는 길은 무엇인가.
(h) 그릇과 그릇 아닌 것과의 차이란 무엇인가.

그릇 하나를 두고 이렇게 몇 가지 각도로 살피게 될 때 그릇은 뜻밖에 제 속을 비추어 줄 것입니다. 그냥 그릇으로만 보면 그릇은 단순한 그릇으로 다루어질 뿐입니다 그릇 속에 감추어진 비밀과 역사를 찾아 보다 섬세한 그릇과의 대화가 필요할 것입니다. 수필은 이처럼 대상과 대화하는 장르라고도 하겠습니다.

누차 말하지만 수필은 대상을 새롭게 보고 의미부여를 합니다. 새롭게 본다는 것은 흔히 말하는 낯설게 보기입니다. 낯설게 보면 새로운 국면이 떠오릅니다.

(a) 손바닥에 올려놓은 아기자기한 그릇에서 꽃망울이 떠오른다.
(b) 그릇을 손가락으로 퉁기니 쟁그랑거리는 소리가 났다. 그릇도 악기가 된다.
(c) 어머니가 다루던 그릇에는 어머니의 손결이 떠오른다.
(d) 깨진 그릇은 깨진 아름다움과 아픔을 드러낸다.
(e) 손때가 묻은 그릇은 닦아도 때가 지워지지 않는다. 역사는 지워지지 않는 손때다.
(f) 그릇 속에 얼굴이 비친다. 그릇이 거울이다.
(g) 그릇 아닌 그릇도 있다.

수필은 원고지 15매 내외의 글이라고 흔히 말합니다. 그러나 처음 수필을 쓸 때는 되도록 더 길게 쓰는 습관이 필요합니다. 길게 쓴 다음 줄일 것을 줄일 때 압축미가 도는 수필이 될 수 있습니다.

좋은 문장을 쓰고자 하기보다는 거칠더라도 알맹이가 있는 문장에서 글이 살아 움직입니다. 알맹이가 있다는 말은 새롭게 생각하는, 뜸이 든 내용을 말합니다.

일상적인 언어운용이 더 친근감을 갖게 됩니다. 문어체가 아닌 구어체 수필을 더 높이 삽니다. –더라, –하도다, –하리라 등의 고투는 문장상황에 알맞게 써야 효과를 낼 수 있습니다. 함부로 쓰면 퀴퀴한 곰팡내가 납니다.

수필은 한 대목 한 대목에서 감동하는 것도 좋지만 다 읽은 다음에 그윽한 여운을 남길 수 있는 글이 바람직스럽습니다. 감동을 위한답시고 비극적인 장면 연출, 실패한 척한 삶의 노출은 오히려 식상합니다. 생각할 수 있는 공간을 두어야 합니다. 수필가가 모든 것을 다 이야기해 버리면 독자는 생각할 맛을 잃게 됩니다. 생각하고 음미하는 맛으로 수필을 읽습니다. 수필은 설명이 아닌 표현입니다.

직선적인 진술보다는 병렬수법이 수필의 맛을 다양하게 합니다. 내리닫이로 끌고 가는 이야기는 쉽게 풀리지만 단순하고 깊이를 상실하기 쉽습니다. 문맥을 끌고 나가다가 옆길로도 눈짓을 주는 요령이 감칠맛 나게 하는 수법이 됩니다. 강은 본류가 그 강을 끄는 흐름이지만 지류는 강을 도와 그 흐름을 넉넉하고 다양하게 하는 힘이 됩니다.

수필은 과학적 지식을 바라지 아니합니다. 수필가의 내부에서 충동질하는 사색을 걸러내어 기술하는 정서적 표현이 수필이란 문학입니다. 하기에 과학적 논리가 아닌 시적 논리로 직조된 문장과 그로 인한 문단구성이 수필을 더욱 감칠맛 나게 합니다. 생각나는 대로 쓴다는 말이 여기 해당된다고 봅니다. 하기에 수필의 구성은 수직과 수평이란 직물구조 같은 기법이 따릅니다. 나뭇잎을 보아도 주맥主脈에 따른 부맥副脈이 가로세로로 엉켜 잎을 단단하게 합니다. 수필의 구조 또한 나뭇잎에 비길 수 있습니다.

수필은 사소설일 수 없습니다. 사사로운 이야기를 날것대로 늘어놓을 때 식상한 이야기로 처집니다. 단순한 이야기가 아닌 정서적 구조인 절실한 이야기입니다. 그 절실한 이야기에서 무엇을 말하겠다는 인식 하나만이라도 있어야 수필입니다.

관념적이며 상투적인 표현을 쓰지 말아야 새로운 어법으로 신선한 수필이 됩니다. 남들이 이미 써먹은 표현수단으로 수필의 맥을 이을 생각은 지워야만 합니다. 수필가는 새로운 언어를 발굴하는 언어를 위한 광부임을 자랑삼아야 합니다. 그런 노력으로 그 수필가만이 갖는 언어를 획득할 수 있습니다.

수필에 상상이 끼어들면 이를 허구로 여깁니다. 그러나 허구와 상상은 구별되어야 합니다. 허구는 문자 그대로 없는 사실을 있는 것처럼 꾸미는 구성입니다. 그런 점에서 시와 소설을 허구문학이라고도 할 수 있습니다. 〈칼자국〉(김애란, 황순원문학상 수상작품집, 중앙일보, 2007)은 수필로 착각되는 단편소설입니다. 그걸 수필이라 하지 않고 소설이라고 한 것은 그 속에 작가가 설정한 허구의 세계가 끼어 있기 때문입니다. 가장 기본적인 개념에서 수필은 허구가 아닌 진실의 문학이라고 합니다. 이는 물론 시적진실을 말합니다. 따분하지만 수필이 갖는 절대적인 명제입니다. 이 명제를 저버리고 수필을 한다면 그것은 수필을 위장한 수필입니다.

수필에서의 상상은 지나간 기억을 생산하는 작업입니다. 그런 점 수필은 기억을 길어 올리는 마중물입니다.

배경은 주제를 뒷받침하는 사회적 시대적 환경인 모든 것을 말합니다. 가령 책상 위에 있는 책이 어제는 저쪽에 있었는데 오늘은 이쪽에 있다고 할 때 그 책의 움직임은 문학에서의 배후가 됩니다. 등 뒤에 있는 것만이 배후가 아닙니다. 문학의 주제를 구성하는 물상이라면 다 배후로 여길 수 있습니다.

수필가는 그 배경을 관조하고 배경이 말하는 소리와 배경이 움직이는 몸짓을 정서적으로 찾아냅니다. 어제는 닫혀 있던 책인데 오늘은 열려 있습니다. 열린 책갈피에 그림이 보입니다. 박수근입니다. 수군대는 말소리가 들리는 분위기입니다.

달리 말하면 문학에서의 배경은 소재입니다. 소재를 찾아서 수필가는 여행을 하고 참신한 배경인 소재와 만납니다. 그러나 소재는 멀리 있지 아니하고 바로 눈앞에 있습니다. 그것을 미처 찾아내지 못할 뿐입니다. 수필을 한다는 것은 소재를 찾아내어 그 소재에 의미를 부여하는 작업입니다. 그래서 배경은 광배光背처럼 빛납니다.

누구든 처음 수필을 쓸 때는 이 세상의 모든 것이 다 수필의 소재가 되리라고 생각합니다. 가장 가까운 소재가 가족입니다. 가족이란 너무나 친근한 배경입니다. 그걸 몇 편 쓴 다음에는 소재고갈이란 벽에 부딪칩니다. 집안에만 한정되던 소재는 차츰 집 밖으로 시선이 옮아갑니다. 어제 보았던 바다빛깔, 그리고 모래와 몇 척의 고깃배 등.

수필가의 작품배경은 그가 무슨 직업을 갖느냐에 따라 다양하게 전개됩니다. 가령 상업을 겸하는 사람은 상업이야기가 주제이듯 의사는 환자 이야기가 주 배경이 됩니다.

산줄기가 멀리 뻗어 내리고 있었습니다. 한 산맥으로 연결된 줄기인데 가까이 있는 산줄기와 멀리 있는 산줄기는 그 빛깔이 다릅니다. 가까이 있는 산줄기는 푸른 나무로 울창합니다. 그런데 조금씩 떨어져 갈수록 빛깔에 변화가 생깁니다. 푸른 빛이 차차 거무스레한 빛깔로 변하더니 조금 더 멀리 갈수록 회색으로 변합니다. 그 회색도 오래 견디지 못하고 희끄무레한 빛이 되더니 이윽고 하늘과 맞닿은 빛이 되어 산과 하늘이 하나로 어울리는 느낌조차 듭니다. 검을 현玄자를 연상하라고 산빛이 말을 합니다.

사람도 멀리 떨어져 있으면 서로가 검을 현玄이 될 것입니다. 아득함이란 그리움을 싹트게 하는 거리입니다. 수필의 씨앗은 그 거리를 초월합니다.

수필이 신선하다는 것은 '아' 다르고 '어' 다른 이치와 같습니다. 동일한 내용이라도 문장기법을 달리함으로써 얼마든지 새로운 면을 드러낼 수 있습니다. 어제의 표현방식은 오늘의 표현방식이 아니란 의지가 담긴 문장이 수필을 살립니다.

(a) 처음 난을 키우게 된 것은 친구의 권유 때문이었다.
(b) 어느 날 친구가 난을 키워보라며 춘란 한 분을 안겨 주었다.
(c) 난분을 보고 있으니 난을 키워보라던 친구가 떠오른다.

위에 든 (a) (b) (c)는 난을 키우는 이야기입니다. 이런 문장을 가령 각각 다른 작품에서 거듭 쓴다고 하면 비록 주제는 달라도 동어반복이란 흠에 걸리기 쉽습니다. 친구 사이의 대담에서도 예전에 한 같은 말을 되풀이하면 싱거운 반응이 돌아옵니다. 이런 보기 아니고도 의미를 강조하기 위한 반복법은 더러 있을 수 있습니다. 남용하면 글을 죽이는 결과가 됩니다.

수필 또한 여느 장르와 마찬가지로 새로운 발언 새로운 탐구를 하고자 기를 씁니다. 수필을 읽고 감동하는 것은 어떤 이야기든 그 내용이 새롭기 때문입니다. 자주 듣는 이야기는 신선감이 없습니다. 그러나 새로운 이야기일 때 청자는 귀를 기울입니다. 그것은 낯설기 때문입니다.

이런 덧없는 상상이지만 숫자들의 여러 표정들을 한데 모아 늘어놓고 보면 또한 아기자기한 맛이 풍긴다.
1은 단조 고독 용이

2는 순종 우호 조화
3은 예리 고답 미모
4는 조화 건강 안정
5는 활발 견실 사교
6은 화려 변화 유동
7은 조잡 불조화 배타
8은 질서 균제 우호
9는 고매 무관심 비밀
10은 무미 포용 안정

— 진웅기, 「숫자들의 표정」 부분, 『노을 속에 피는 언어들』 범우사, 1972.

숫자는 수학만이 갖는 의미는 아닙니다. 일상생활에서 숫자가 갖는 의미를 수필가의 안목으로 새롭게 의미부여를 합니다. 이렇듯 모든 사물을 새롭게 볼 때 그 사물은 새로운 대상으로 생기를 찾습니다. 사물을 부활하게 하는 능력을 갖는 자가 수필가임을 다시 말하고자 합니다. 이 또한 기쁘지 않습니까. 가수는 박수를 먹고 수필가는 대상과의 교신을 통하여 문자로 나타내는 기쁨[감동]을 먹고 삽니다.

수필을 위한 알레고리

1.

서늘한 하늘빛입니다. 막대기로 두들기면 옥빛 구슬이 주르륵 쏟아져 내릴 것 같습니다. 하늘이 곧 비취옥입니다. 사람은 머리로 옥을 받드는 행운을 타고 난 셈입니다.

옥처럼 쟁그랑거리는 수필을 쓰고 싶다는 욕망에 잡니다. 짧은 재주에 어처구니없는 허욕입니다. 욕심을 버려야 한다는 말은 거듭 익히고 배웠습니다. 하지만 마음 비우기가 어디 그리 쉽던가요. 욕망은 끝이 없습니다. 그럴수록 글은 동굴 깊이 숨어 나오지 않는데 그걸 불러내고자 마음으로 푸닥거리를 합니다.

하늘에 우두커니 눈을 팝니다. 그러다가 베란다의 화분을 봅니다. 화분은 말라 시들어 있습니다. 물을 주지 않은 지가 꽤 오래된 듯합니다. 눈앞의 화분 하나 반반하게 키우지 못하면서 눈에 보이지 않는 글은 어찌 키우느냐는 핀잔이 내 속에서 터집니다.

하늘이 구름을 키우듯 어쩌다 글의 형태가 어렴풋이 떠오르는 날이 있습니다. 그런 날은 무슨 행운이라도 만난 듯 글에 매달립니다. 전에는 영감靈感이란 것에 기대를 걸었습니다. 그런데 그것이 무디어지는지 신호가 오지 않을 때 마음이 답답합니다. 그래 한다는 짓이 수공업이나 다름없는 글짓기로 미련스럽게 시간을 깎아먹습니다.

글을 쓸 때는 누구나 그렇지만 이른바 무아지경이란 걸 절감합니다. 나는 없고 글자 하나하나가 고리처럼 이어지는 컴퓨터 모니터만 있습니다. 연필로 쓴다는 사람, 만년필로 쓴다는 사람도 있습니다. 하지만 컴퓨터 앞에 앉아 자판기를 두들깁니다. 컴퓨터 글쓰기는 혼이 박히지 않는다고 하는데 연필이나 만년필로 쓰는 것처럼 내 혼은 자판기에서 컴퓨터 화면으로 분주하게 오갑니다. 그러니까 내 글쓰기는 과학문명의 덕을 톡톡히 보는 셈입니다.

수필을 쓴다는 것은 대상의 혼과 소통하는 일입니다. 꽃의 혼, 나무의 혼과 소통을 꾀하는 바람잡이가 되고 싶습니다. 그러고도 멀쩡한 얼굴로 아무렇지도 않은 듯 대로를 나다닙니다. 이렇게 보니 낯설게 하기란 말은 뻔뻔스럽게 하기라는 말이 되겠습니다. 그래 뻔대가 되자, 염치불고하고 대상의 내면을 무찔러보고 뒤집어보고 그것도 아니면 꺾어봅니다. 한 톨의 밤알을 입에 넣기 위하여 밤송이를 얼마나 괴롭혔던가요.

수필은 수면 깊이 잠긴 거대한 여와 같은 은근한 저력입니다. 수면을 타고 낭창낭창 흐르는 꿈결 같은 노들강변이 아닙니다. 수필 속에는 해류라는 근육질로 된 생각의 물너울이 있습니다. 그걸 짚어내어야 합니다. 사나운 해류를 무릅쓰고 투망하는 어부가 곧 수필가입니다. 사나운 물결을 헤집고 해저를 샅샅이 검색하는 비바리가 곧 수필가입니다. 대상의 가슴에 치명적인 비수를 꽂아 그 아픔을 듣고 폭군처럼 만족하는 자가 곧 수필가입니다. 비정한 사디스트라고 할까요. 허튼소리 같은 얼토당토 않은 억지소리이긴 합니다. 하지만 얼토당토 않은 넋두리를 추임새처럼 끼울 때 수필은 또 다른 빛깔을 띠지 않던가요. 누구나 할 것 없이 그가 갖는 수필의 고정관념을 버리고 새 관념으로 무장하는 것이 수필쓰기의 몫입니다. 그러지 않을 때 수필은 언제나 고리타분한 넋두리에 지나지 않는 그게 그거라는 지탄을 받는 글이 되고 맙니다.

수필을 신변잡기라고 따돌리는 경향이 그걸 말합니다. 그 말에 고개를 끄떡일 수밖에 없습니다. 수필이라고 발표되는 많은 수필이 그가 처한 주변의 단순한 이야기로 시작되고 끝나기 때문입니다. 수필은 수필가의 사생활을 기록하는 글이 아님은 다 압니다. 그런데 결과는 엉뚱하게도 사소설[신변이야기]이나 다름없는 글을 쓰고는 수필이라고 우깁니다.

굳이 그렇다면 수필은 대중수필과 순수수필이라는 두 갈래로 구분되어야 할 것 같습니다. 대중수필은 재미, 즐거움과 같은 놀이에 그 무게를 두면 어떨까요. 그 반면 순수수필은 삶의 가치를 재는 미학에 무게를 둔다면 어불성설일까요. 경수필輕隨筆, 중수필重隨筆이란 말이 있기는 합니다. 하지만 수필을 무게로 따질 수 없는 일입니다. 서정을 경수필, 서사를 중수필이라고 가령 뜻을 매긴다면 꽃이나 풍경을 쓰면 경수필이 됩니다. 하지만 서사인 신변 이야기를 쓰면 중수필이 되는 격입니다. 신변잡사를 쓰면 경수필, 사상이나 철학을 쓰면 중수필이 된다는 식의 분류 또한 수필이론에 바람직스럽지 않습니다.

대중이든 순수든 문학이란 간판을 갖는 수필은 새로움의 추구에 그 가치를 둔다고 하겠습니다. 새로움이란 그 수필가만이 갖는 생각이 독자에게 신선한 공감을 갖게 하는 길입니다. 이것 없이는 수필을 문학이라고 하기에는 조금 낯간지러운 일입니다. 하기에 수필이 문학이 되기 위해서는 새로운 인식이 함께 한다는 말을 빼놓을 수 없습니다. 어떤 사상이든 사물이든 그것을 수필로 승화시키기 위해서는 새로운 인식을 요구합니다. 그것은 깊은 고뇌 즉 생각에서 발단됩니다.

그러나 수필이 꼭 문학이어야 한다는 법도 없습니다. 독자를 즐겁게 하는 언어로 된 놀이가 수필이라고 한들 어떠랴 싶습니다. 하지만 수필가는 문학의 한 반열에 끼어들고자 합니다. 그래야만 될 것 같은 욕구를 갖고 있습니다. 그렇다면 문학이란 무엇인가라는 기본적인 틀이라도 깨닫고 거기 알맞은 수필쓰기에 전념하는 것이 옳은 길이지 싶습니다.

안방에서 듣는 말과 부엌에서 듣는 말은 서로 다릅니다. 다르기 때문에 다양한 생각이 일어납니다. 동일한 말이라면 아무 문제도 일어나지 않습니다. 문학은 그 다른 생각을 부추기고 찾아가는 길입니다. 하기에 이 말에도 귀를 기울이고 저 말에도 귀를 기울일 줄 알아야 합니다. 많은 말을 듣고 새길 줄 알 때 비로소 올바른 깨달음이 터질 것입니다.

누구나 할 것 없이 그가 갖는 틀에 매인 수필이론을 과감하게 버려야 합니다. 버린 뒤 새 길을 모색하는 것이 신선한 수필쓰기의 길입니다. 기본이 되는 수필이론을 터득한 다음 각자의 이론을 구축하는 일이 수필의 다양성에 이바지하는 길이 됩니다.

2.

새로움이란 무엇인가, 새로운 인식이란 무엇인가를 구체적으로 찾아내기 위하여 우선 손에 짚이는 수필집을 펼쳐 보고자 합니다.

> 사람에게도 블랙박스가 있다면 어떨까. 사람의 일거수일투족과 뇌의 기능 그리고 감정 그런 것들이 낱낱이 기록되는 장치를 휴대폰처럼 지니게 된다면 행여 억울한 죽음의 순간 인간

은 기계처럼 조금은 명료해지지 않을까. 사랑하는 아이들 모습, 아옹다옹했지만 그래도 고마운 남편, 장롱 어디에 현금이 있다는 생각, 통장의 비밀번호, 이런저런 일에 용서를 바라는 마음들. 이런 생각들이 사진 찍히듯 메모리된 블랙박스를 남긴다면 유족들은 저렇게 시신과 단서를 찾으려고 애달아하지는 않으리라.

—박영란, 「블랙박스」 부분, 『바람이 데려다 주리』 창조사, 2004.

블랙박스가 만약 사람에게도 있다면 어떤 결과가 나올까 하는 점을 터무니없는 상상력으로 풀어내고 있습니다. 이처럼 수필은 터무니없는 상상력에 의하여 더욱 다양하고 깊이 있는 작품으로 일어설 수 있습니다. 만약 비행기에만 있는 것으로 치부한다면 그것은 과학적 상상력에 지나지 않는 밋밋한 맛으로 떨어지고 말았을 것입니다.

버드나무 속에는 열熱을 내려주고 염증과 통증을 완화시켜 주는 아스피린 성분도 들어 있다고 한다. 그 즈음 내가 거의 병을 앓지 않고 지냈던 것은 그 버드나무가 언제나 내 방 앞을 지키고 서 있었기 때문일 게다. 나 역시 정말 그런 성분까지 갖추어야 좋은 버드나무가 될 수 있을 텐데.

— 정성화, 「버드나무」 부분, 『소금쟁이 연가』 선우미디어, 2005.

과학적 성분에서 수필적 상상력에 이르기까지 버드나무는 화자인 수필가를 건강하게 자랄 수 있는 기틀이 된 셈입니다. '거의 병을 앓지 않고 지냈던 것'이 그것을 말하고 있습니다.

그와 더불어 '좋은 버드나무가 될 수 있'는 것은 좋은 수필가로 떳떳할 수 있음을 은유로 말합니다. 버드나무를 새롭게 고찰하는 대목입니다.

> 우리 집 아이들은 문도 잠그지 않고 사는 우리 집만 빼놓고 양쪽 집에 도둑이 들었다는 사실을 모두 신기하게 생각한다. 도둑들은 내게 구리 반지 하나 없다는 사실을 어떻게 알았을까.
>
> 세상이 시끄러우니 날이 갈수록 사람들은 더 많은 열쇠를 소유하게 될 것이고 담벼락에는 더욱 단단한 쇠창살이 꽂히게 될지도 모르겠다.
>
> 바야흐로 집의 문도 닫아걸고 마음의 문도 닫아거는 비극의 시대가 도래한 것이다.
>
> — 정명수, 「서른 개의 열쇠」 부분, 『서른 개의 열쇠』 에세이문학출판부, 2007.

열쇠를 통한 세상일에서 '더 많은 열쇠' '담벼락에는 더욱 단단한 쇠창살이 꽂히'는 세상을 아쉽게 생각하고 있습니다. '집의 문도 닫아걸고 마음의 문도 닫아거는 비극의 시대'를 염려하는 마음이 새롭게 드러난 장면입니다. 열쇠는 마음의 문을 닫아거는 단절이란 의미를 갖습니다.

솟아오르는 불길이 없다고 하여 약한 것은 더더욱 아니다. 작지만 매운 고추처럼 모깃불도 맵다. 없는 듯 있는 듯 그것은 끈기가 있다. 쉬이 탈 것 같지 않으면서도 기어이 밤을 새고야 만다. 그래서 모깃불 옆에서 나누는 이야기는 밤 깊은 줄 모르고 이어지는지도 모른다. 이야기를 듣는 사람이나 하는 사람이나 모두 끝없이 앉아 있는 것이다.

— 김종희, 「모깃불」 부분, 『나는 날마다 신화를 꿈꾼다』 소소리, 2008.

① 매운 고추처럼 모깃불도 맵다 ② 없는 듯 있는 듯 끈기가 맵다 ③ 쉬이 탈 것 같지 않으면서도 밤을 샌다. 사람을 끌어들이는 힘이 모깃불에 있다는 서술 또한 이 작품이 갖는 미덕이라면 어떨까요. 수필은 그런 미덕을 찾아 끊임없이 나아갑니다.

류는 시적(詩的)이다. 류는 유보다 혀를 감는 감촉이 있어 음소에 여운이 있다. 그래서인지 버드나무는 시인 묵객들이 즐겨 소재로 삼는 운치를 지니고 있다. 전원풍경을 읊었던 도연명은 집 안에 버드나무를 심어놓고, 아예 스스로를 오류(五柳)선생이라 칭하지 않았던가. 나의 마음 밭에 청신한 버드나무 한 그루 심어 좋고, 능수버들 풍류로 한 줄 한 줄 글을 쓰고 싶다.

— 류창희, 「문화(文化) 류씨(柳氏)」 부분, 『매실의 초례청』 에세이문학출판부, 2008.

한글 ㄹ[리을] 음에서는 버들가지가 낭창거리고, 물의 흐름이 찰랑거리는 소리가 납니다. 음악적이며 여성적입니다. 부드러우면서도 강인한 면을 갖습니다. 직선보다는 미로 같은 회랑(回廊)을 갖습니다. 느긋한 여유는 회랑 같은 곡선에서 찾을 수 있습니다. 그런 측면을 감추고 있는 것이 류(柳)자 풀이 속에 숨어 있다면 어떨까요. 수필의 또 다른 몫을 이 작품이 보여주고 있습니다.

작가도 임산부처럼 태교가 필요하다. 임산부가 태아에게 좋은 영향을 주기 위해서 태교를 하듯이 작가도 글의 씨앗을 한 편의 작품으로 키우기 위해서 자연의 소리에 귀 기울이며 사물을 관찰하고, 좋은 책을 읽으며 자료를 수집하고, 사색을 하며 사물의 이치를 깨달아 마음과 행동을 다스려야 한다.

— 박옥근, 「글의 씨앗」 부분, 『글의 씨앗』 수필과비평사, 2008.

수필가와 임부와의 관계설정은 새롭습니다. 더구나 '태아에게 좋은 영향을 주기 위해서 태교를 하듯이' 한 편의 작품을 위해서 작가가 치러야 할 자세는 새로운 작품쓰기의 치열한 수필정신으로 다루고 있는 점이 특이합니다.

'수필은 가령 A라는 대상을 B로 환치시켜 이를 다시 A'로 읽을 수 있게 하는 표현의 기교가 따를 때 보다 웅숭깊은 수필답다고 하겠습니다. 그런데 A라는 대상을 A로만 정확하게 읽을 때 수필의 맛은 아무 간도 없는 밋밋한 맛일 것입니다. 그런데 이를 마다고 하는 언술이 이따금 들립니다. 즉 수필은 진솔한 글이라야 수필답다는 주장이 그것입니다. 즉 A는 A로만 읽을 수 있어야 수필의 값에 지당하다고 합니다. 어느 주장이든 수필문학의 몫에서 어긋나지 않다면 두 주장을 모두 받아들여도 무방합니다. 하기에 이론[주장]이라는 것은 어느 하나에만 매이지 않아야 다양한 수필문학을 경영할 수 있습니다. 이렇게 말하면 혼란스럽다는 이야기가 나오겠습니다. 하지만 기본적인 것은 그대로 두되 그 기본을 바탕 삼아 새로운 개척을 한다면 혼란이라는 말은 있을 수 없습니다.

집을 리모델링하는 시공자는 집의 본바탕을 기초로 하여 그 위에 새로운 시공을 합니다. 하기에 혼란스러움을 막을 수 있습니다.

3.

시를 가령 미니스커트라면 수필은 롱스커트란 말을 할 수 있습니다. 미니스커트는 발랄하고 롱스커트는 음전합니다. 시는 짧은 센텐스에 탄력이 있어 그렇고, 수필은 긴 센텐스로 뭔가를 칭칭 싸매고 있는 인상입니다. 시와 수필의 다른 점을 말하라면 엉뚱하지만 이렇게 궁색한 변명으로 대신할 수도 있어 보입니다.

그런데 아닙니다. 시는 롱스커트이고 수필은 미니스커트입니다. 이렇게 말 바꾸기를 해 봅니다. 왜냐고요? 시는 모든 것을 그 속에 감추고 수필은 은근히 드러내기 때문이라는 넋두리를 늘어놓습니다.

물은 흘러가다가 가파른 낭떠러지를 만나도 겁 없이 아래로 떨어집니다. 그건 단도직입적인 시를 생각하게 합니다. 수필을 하면서 낭떠러지나 다름없는 경험을 무수히 받습니다. 그러나 그 낭떠러지를 곧장 가지 못하고 길을 에돌아갑니다. 말문이 막히면 다른 말을 하여 막힌 말문을 트고자 일부러 에돌아갑니다.

그것은 언술의 기법입니다. 가령 젊은 시절 이야기에서 갑자기 노년시절 이야기로 뛰어넘는다고 거슬릴 일은 아닙니다. 왜 그렇게 나타내어야 하는가에 딸려 있습니다. 인생의 경험을 내용으로 하는 글이라면 경험의 풍부함과 짧음을 두고 말할 수 있겠습니다. 산을 이야기하는 과정에서 바다를 이야기합니다. 언술의 다양성입니다.

수필의 단락구조를 널뛰기놀이에서도 찾아볼 수 있습니다. 한 문단은 위로 치솟고 다음 문단은 아래로 내리꽂힙니다. 한 문단은 옆으로 퍼지고 다음 문단은 안으로 말려듭니다. 이렇게 상대적인 측면을 갖는다면 수필의 놀이는 파도처럼 출렁이며 구비를 틀 것입니다.

수필은 말할 나위도 없이 언어예술의 한 영역입니다. 예술[art]은 기술입니다. 기술은 만들어나가는 기교를 떨칠 수 없습니다. 그렇다고 기교만 있고 내용이 없을 때 그것은 죽은 기교입니다. 섬세한 테크닉은 수필문학을 살리는 자상한 수공업임을 깨닫습니다.

수필로 가는 길에 나름대로의 수다를 떨었습니다.

다시, 수필지망생을 위한 작은 노트

1.

수필은 인식의 문학이란 말은 자주 들추어 다소 식상합니다. 하지만 열 번 스무 번이든 수필문학을 위해서는 감수해야 합니다. 말할 나위도 없이 인식은 깨달음입니다. 새롭게 세상을 보고 깨닫는 세계가 수필이란 광대무변의 영토입니다.

시간은 세월이란 짐을 실은 수레입니다. 그리고 한동안 생각했습니다. 누가 이 말을 먼저 써먹지나 않았는지 모르겠다며 생각을 굴렸습니다. 만약 누가 먼저 써먹었다면 이 언술은 조금도 새로운 것이 되지 못합니다. 오히려 모방하는 것에 지나지 아니합니다. 그런데 이 말 끝에 또 한 생각이 솟았습니다. 시간은 세월을 깎아먹는 톱니바퀴란 말이 그것입니다.

수레든 톱니바퀴든 그것은 모두 현재에서 미래로 가는 길입니다. 수필을 미래의 문학이란 말은 수없이 들었습니다. 다른 문학 장르가 다 사라지더라도 수필만은 창창하게 살아 문학의 참다운 구실을 하리라는 뜻으로 그렇게 말한 듯합니다. 그런데 수필은 미래만이 아니라 지금 현장의 문학이며 내일의 문학에로 그 고리가 이어집니다.

수필은 인간을 위한 인간의 문학이기 때문입니다. 그런 의미에서 소재를 인간생활에서 찾는 경우가 허다합니다. 그 길이 보다 다양하고 참신한 수필문학이라고 여길 수 있기 때문입니다. 수필은 자연계를 비롯하여 길가에 버려진 돌을 보고 당연히 소재의 길을 찾을 수도 있습니다. 돌에서도 인간의 체취를 느낄 수 있고 인간의 숨결을 들을 수 있기 때문입니다.

사람은 당연히 듣고 보는 능력을 갖추고 있습니다. 이렇게 말하면 귀와 눈이 달린 모든 동물은 그와 같은 능력을 가졌다고 하겠지요. 하지만 듣는 것과 들을 줄 아는 것, 보는 것과 볼 줄을 아는 것은 인간이 갖는 소중한 행위입니다.

얼굴을 가만히 뜯어보면 듣고 보는 것의 높이는 수평이라는 것을 알 수 있습니다. 그것은 눈과 귀가 수평으로 자리 잡고 있다는 점입니다. 수직관계인 코와 입의 위치와는 다릅니다. 조물주는 보고 듣는 것을 공평하게 하라고 했습니다. 그 반면 입은 얼굴의 가장 아래 위치에 매달았습니다. 보고 들은 다음에 천천히 말해도 된다는 뜻이죠. 이렇게 보면 얼굴구조가 인간생활을 어떻게 해야 된다는 것을 이미 말하고 있습니다.

조물주에게 고마워할 일은 비단 얼굴만은 아닙니다. 인간의 마음에도 있습니다. 얼굴은 눈에 띄는 부분입니다. 하지만 마음은 아무나 볼 수 없고 설령 본다고 치더라도 그 마음쓰임은 요리조리 요령을 부려 상대를 어리둥절하게 합니다.

그러나 수필을 하는 수필가들은 그의 마음을 수필에 담아 꽉 못을 칩니다. 한번 인쇄된 마음의 흔적은 지워지지 않고 그대로 보존되어 그 수필을 쓴 수필가를 보게 합니다. 수필이란 마음의 움직임입니다. 마음의 고백이라는 말을 들어보아도 수필의 성격을 어렴풋이나마 알 수 있습니다. 함으로 수필을 읽는다는 것은 그 수필가의 마음을 읽는 일입니다.

2.

어느 자리에서 수필을 말하면서 '허물'에 빗댄 적이 있습니다. 말을 많이 한다는 것은 때로 사람을 피곤하게 합니다. 그런 생각으로 매미 같은 곤충류가 벗는 껍질을 두고 단도직입적으로 말을 줄였습니다.

수필도 진화한다. 누구나 다 아는 소리이지만 좋은 것이 좋은 것이란 생각에 얽매어 진화란 것에 등을 돌리고 있습니다. 읽히는 수필이란 말은 그럴듯하지만 진화에 걸림돌이 되기도 합니다. 재미있고 읽기 쉽고 담담한 내용이길 바라는 따분한 수필이론이란 것이 때로는 진화에 걸림돌이 됩니다.

수필은 이른바 진보와 보수와의 끊임없는 세력싸움입니다. 그 싸움으로 수필은 더욱 알차게 성장합니다. 왜 진보냐 보수냐에 손가락질을 할 일은 아닙니다. 진보는 더욱 진보이게 하고 보수는 더욱 보수이게 하는 것이 진정한 수필에의 길입니다. 진보적 보수, 보수적 진보라는 말이 떠오릅니다.

매미는 허물을 벗어야 비로소 또 다른 세계로 지향합니다. 허물을 벗지 아니하고는 갈 수 없는 세계입니다. 그 세계에서 비로소 매미는 진보합니다. 나무에 매달려 운다고 다 매미는 아닙니다. 수필을 여기의 문학으로 삼는 사람은 진정한 의미에서 수필가라고 할 수 없습니다.

수필가는 그가 갖는 수필세계에서 몇 번의 허물벗기를 해야만 비로소 수필문학의 빛을 받을 수 있을 것입니다. 제자리걸음만 하는 수필로는 향상이라는 것이 없습니다. 틀을 깨트리고 과감하게 수필 밖으로 탈출해야만 수필이 보일 것입니다. 산속에서는 나무만 보이고 산이 보이지 않는다고 말하지 않습니까.

왜 수필인가 하는 스스로의 물음에 대답해야 합니다. 어떤 수필가는 수필이 대접을 받지 못한다며 다른 장르로 자리를 슬그머니 옮깁니다. 개인의 발전을 위해서는 권장할 일입니다. 하지만 남들이 수필을 가볍게 여기거나 문학권내로 여겨주지 않는다고 섭섭해 한 마음에서라면 다른 장르로 옮기는 수고보다는 더욱 수필에 치열했으면 하는 생각입니다. 길은 스스로 닦아야지 누가 닦아주지 아니합니다.

아쉬운 일은 또 있습니다. 어느 수필가는 수필집을 전혀 읽지 않는다고 들었습니다. 하기야 서점에 가도 수필집은 거의 볼 수 없습니다. 수필가도 읽지 않는 수필집을 더구나 이윤을 남겨야 하는 서점이 환영할 까닭이 없습니다. 왜 읽지 않는가, 그 이유는 뻔합니다. 수필은 읽고 생각할 몫이 없기 때문입니다. 알맹이가 없기 때문입니다. 수필은 생각하는 문학이 한 몫을 차지해야겠는데 그것마저 없으니 읽을 흥미를 잃은 것입니다. '생각하는 민족이라야 산다.' 함석헌 옹이 일찍이 밝힌 구절입니다.

수필은 말할 나위도 없이 새로운 깨달음이 큰 몫을 차지해야겠는데 그 또한 없는 상태입니다. 줄글을 읽어 내리듯 한달음으로 읽어치운 다음 남는 것이 없으니 누가 시간 낭비하면서 수필집을 읽겠습니까. 읽지 않는다고 탓하기보다는 읽어 마음의 양식이 되는, 읽어 생각할 몫이 있는 수필을 쓰는 것이 급선무일 것입니다. 수필은 개인이 어떻게 살았다는 내용도 좋지만 그 살아온 내용이 얼마나 새롭게 표출되느냐가 중요합니다. 독자는 그 새로움에 눈을 돌립니다.

시는 두 번 세 번 되풀이하여 읽습니다. 분량이 짧아서가 아닙니다. 그 속에 깨물고 싶은 구절이 들어 있기 때문입니다. 세계를 새롭게 보고 느끼는 내용이 숨어 있기 때문입니다. 그것을 찾아내고자 되풀이하여 읽습니다. 읽으면서 느낍니다.

수필은 산문이기 때문에 때로 느슨합니다. 분량도 시에 비해서 다소 깁니다. 하지만 그 속에 세상을 새롭게 보는 인식의 빛이 들어 있다면 독자는 그 광석을 캐내고자 즐겁게 수필집을 펼칠 것입니다. 함으로 수필집을 읽지 아니하고 읽히지 않는 것은 수필가에게 그 책임이 있습니다.

책임에서 자유롭기 위해서는 먼저 허물벗기를 하는 고통이 따라야 합니다. 수필은 주변이야기나 쓰면 된다는 안이한 생각으로 덤벼들었다간 코 다치기 쉽습니다. 어느 수필가나 생각하고 느끼는 일이지만 수필쓰기가 그렇게 호락호락 넘어가는 문학은 결코 아닙니다. 출발에 앞서 신발 끈을 단단하게 조여야 합니다.

3.

아무 책임감도 없이 허물벗기란 말만 늘어놓았습니다. 구체적으로 어떻게 하는 것이 허물벗기인가는 아직 제시하지 않았습니다.

그런데 이걸 구체적으로 말하기는 심히 까다롭고 어려운 문제입니다. 문학은 과학과는 달리 물의 구성성분은 H2O라고 떳떳이 댈 수 없는 것에 고민이 있습니다. 그래서 지나간 경험을 들이대는 것입니다. 즉 무엇을 읽으니까 물미가 트이더라는 다소 애매한 식입니다. 어딜 가니까 무엇을 깨달을 수 있었다는 식입니다. 선禪은 스스로 깨달음을 얻습니다. 문학은 물론

선은 아닙니다만 스스로 배우고 깨닫는 사이 길이 트입니다.

고전을 읽으라는 말은 동서고금 변함없는 진리입니다. 고전을 읽고 새것을 터득하는 것입니다. 조금 더 얄팍하게 말을 한다면 문학을 하자면 먼저 우리 문학의 흐름을 알기 위해서 문학사를 익힐 것입니다. 언어의 변천을 알아야할 것입니다. 외국문학과의 상관관계에도 눈을 떠야 합니다. 우리 문학사를 빛낸 작가론에도 깊은 관심을 가져야 합니다. 그들이 남긴 작품을 읽고 그 내용을 깊이 음미할 일입니다. 당연한 이야기지만 우리 고전문학의 흐름을 눈여겨보아야겠습니다.

인생이 무엇인가에 대한 고민을 하고 건축물은 어떻게 지상에 서 있는가 하는 문제에도 소홀하지 않아야 합니다. 음악을 듣거나 미술을 감상하는 일은 즐겁습니다. 비록 전공은 아닐지라도 의학도들이 해부학을 공부하듯 인체의 구조를 곁눈질로나마 짚어보는 것 또한 수필을 하는 단단한 힘이 됩니다.

어느 종교라고 따질 것 없이 불경 · 성경도 손에 닿는 대로 읽어두는 것이 좋은 영양분이 될 것입니다. 물리학이나 수학이 때로는 알찬 도움이 됩니다. 천체의 움직임이 수필을 하는 일에 연관이 된다는 것 또한 놓칠 수 없는 공부입니다. 힘든 과제이지만 인문학 전반에 대해서 두루 훑어보는 일이 요구됩니다.

이런 공부들이 허물을 벗는 작업에 다소나마 도움이 되지 않을까 싶습니다. 끊임없이 변신을 위한 노력을 하는 것입니다. 노력하는 곳에 길이 있습니다. 길이 곧 자아自我입니다. 그러고 보니 수필을 하는 것은 나를 찾는 길이 됩니다. 나라고 하는 존재가 탐구의 대상입니다.

뻔히 아는 상식적인 이야기를 되풀이한다는 것은 싱거운 일입니다. 구름을 보고 저건 수증기의 덩어리라고 한다면 과학적인 상식이 그대로 노출됩니다. 구름은 하늘이 보내는 문자메시지다, 구름은 하늘이 그린 추상화다, 이렇게 보는 것이 수필하기에 도움이 되겠습니다.

수필은 수필가의 사색구도이며 그 길입니다. 사방팔방으로 깔린 길에서 수필가는 그가 가고자 하는 길을 선택합니다. 이를테면 길이란 소재를 두고 길고 짧은 글을 시도해보는 것도 좋겠습니다. 기뻤던 길과 슬펐던 길, 편안한 길과 험악한 길, 가파르게 타고 오르는 길과 낭떠러지처럼 아찔한 길이 수필가의 생애에 쾅, 부딪치는 일도 더러는 있을 것입니다. 그 길이 소재 만나기의 한 방도가 될 것입니다.

주제넘은 이야기지만 '수필은 나의 동반자다', 이런 자긍심 하나 마음속의 보물로 품기 바랍니다.

언어 또한 앉는 순서가 있다

지관은 집터를 잡아주거나 묘가 들어앉을 자리를 잡아줍니다. 좋은 집터에 집을 짓고 살면 부귀영화를 누릴 수 있다니 부귀영화를 누리고자 사람들은 지관을 찾아 집터 물색을 합니다. 언어 또한 같은 맥락입니다.

사람도 그가 설 자리와 앉을 자리가 따로 있습니다. 자리를 탐하여 욕심을 낸 자리는 결코 편안하지 못합니다. 운 좋게 자리를 차지하더라도 오래 가지 못하고 떠밀려나는 서글픈 신세가 됩니다. 등을 떠밀리기 전에 물러나야 하는데 사람의 마음은 그러지 못한 미련으로 꽉 차 있어 손가락질을 받고서야 피투성이나 다름없는 몰골이 되어 물러납니다. 깨끗하지 못한 퇴진은 부끄럽고 씁쓸합니다. 벼슬자리에 앉혀주고 옮겨주는 위치에 있는 사람을 곤혹스럽게 합니다.

인사권자는 사람을 보고 판단할 줄 아는 지관입니다. 그런데 사람을 잘못 판단하는 경우도 간혹 생깁니다. 벼슬자리에 앉으려는 사람이 빛 좋은 개살구 같은 허울을 쓰거나 지관의 눈에 콩깍지가 쓰일 수 있기 때문입니다.

침을 놓는 의사들은 환자를 괴롭히는 원인을 찾아 맥을 짚습니다. 그렇게 보면 수필가 또한 언어의 맥을 짚는 지관입니다. 한 문장 안에 들어갈 가장 알맞은 언어를 찾아 수필가는 고민합니다. 언어의 고른 숨결을 위한 노력입니다.

* 아름다운 사회에 사는 사람.
* 아름다운 사람이 사는 사회.

위 문장에서 앞 문장과 다음 문장은 언뜻 비슷한 의미망 속에 든 것 같지만 가령 행복이라는 측면에서 글을 풀 때 그 뜻은 다릅니다. 앞 문장은 아름다운 사회에 초점을 두고 있지만 다음 문장은 사회를 구성하는 각 개체에 그 초점을 두고 있습니다. 어느 사람이 더 행복할 것 같으냐고 물을 경우 앞 문장을 꼽을 수 있겠습니다. 그러나 이것은 겉보기만으로 보는 생각에 지나지 아니합니다. 아무리 사회는 아름다워도 거기 사는 구성원이 아름답지 못하면 그 사회는 희망이 없습니다. 그 반면 다음 문장의 경우는 아름다운 사회구성원으로 인하여 사회는 더욱 성장 발전할 것입니다. 이처럼 언어가 어느 위치에 어떻게 앉느냐에 따라 그 의미가 달라짐을 알 수 있습니다. 숫자의 경우 이 뜻은 더욱 분명하게 나타납니다. 가령 123과 321의 경우, 같은 숫자이지만 수의 배열에 따라 엄청난 차이가 나는 것은 누구나 아는 사실입니다. 수필은 회문[palindrome]이 아닙니다. 두루뭉수리가 아닙니다.

* 그는 간다.
* 그는 가고 있다.

이 경우 '간다'와 '가고 있다'는 어떻게 다르냐는 것입니다. 표현의 묘미라고 하면 간단하겠습니다만 앞 문장의 경우는 그가 지금 어디론가 가는 경우와 그가 언젠가 가게 될 것이란 확실성을 내포합니다. 이를테면 '그는 내일 간다'는 따위로 쓸 수 있습니다. 간다는 의미를 넓게 잡을 수 있습니다. 그 반면 다음 문장은 지금 당장 그가 어디론지 가는 행동을 지시합니다. 현재진행형이라면 되겠죠. 의미의 다양성이 아닌 단일성이라고 보면 어떨까 싶습니다. 단호하고 확실한 점이 보입니다. '있다'가 그렇게 말을 합니다. 하기야 '그는 언제나 가고 있다' 따위로 쓸 수는 있습니다. 과거진행형 혹은 미래진행형이라고 하겠습니다.

문장을 쓰고 있으면 내세우고자 하는 의미가 있어 그 의미를 어디에 어떻게 앉힐까 하는 고민을 하게 됩니다. 여기도 적당

할 듯하고 저기도 적당한 자리가 될 듯 자칫 망설입니다. 그 경우를 앞서의 보기에서도 다시 볼 수 있습니다. '사회'를 내세우고자 하는가, '사람'을 내세우고자 하는가에 따라 앉는 자리가 달라진다고 보겠습니다. 수식어는 의도하고자 하는 말 바로 앞에 두는 것이 타당한 문장쓰기임을 말하고 싶습니다.

* 수업은 음악교실에서 하고 있었다.
* 음악교실에서 수업을 하고 있었다.

'수업'이냐 '교실'이느냐의 언어운용입니다. 어느 문장이든 내세우고자 하는 언어를 앞세우는 것이 의미전달과 의미파악이 정확하고 빠릅니다. 수필은 자기본위 문학인 경우가 많아 '나'라는 말을 흔하게 쓰기 쉽습니다. 나는 화자입니다. 그 주어인 '나'를 생략할 수도 있습니다. 굳이 쓰지 않아도 독자는 '나'라는 의미파악을 충분히 합니다. 하지만 뜻을 강조할 때는 쓰는 것이 좋지 않을까 봅니다.

* 그 문제에 대해서 이렇게 생각한다.
* 그 문제에 대해서 나는 이렇게 생각한다.

생각하는 주체를 강조하기 위해서 '나'가 굳이 들어가게 됩니다. 한 문단속에 너무 많은 '나'가 들어가서 문장의 흐름이 산만하다는 지적을 받는 경우도 생각할 문제입니다. 수필은 허드레로 쓰는 글이 아닌 되도록 의미 있고 탄력 있게 쓰는 글이라고 말하고 싶습니다. 문장만 늘어놓으면 수필이 되는 것이 아니란 뜻에서 하는 이야기입니다. 하지만 그 사실을 까먹고 뜸이 들지 않는 이야기를 선불리 늘어놓아 수필문학의 얼굴을 붉게 만드는 경우도 생각할 문제입니다.

문장은 정확해야 한다는 언급은 비단 수필만은 아닙니다. 무슨 플래카드 하나에도 들어갈 어휘, 들어가지 말아야 할 어휘가 버젓이 있습니다. 어느 학교 교문에 내걸린 다음과 같은 구절을 읽은 적이 있습니다.

* 학교폭력예방집중단속

띄어쓰기를 하지 않는 것은 둘째 문제입니다. 학생들 사이에 일어나는 폭력을 예방하기 위한 내용임은 누구나 다 짐작하는 일입니다. 그런데 '폭력예방'을 '집중단속'한다는 뜻으로 읽을 수 있습니다. 폭력을 휘둘러도 좋다는 말이 되기 쉽습니다. '예방'이 앉을 자리가 아닙니다. '예방'을 삭제하면 문제는 간단히 해결되겠습니다. 그러나 바람에 너풀거리는 플래카드가 날 잡아 보라는 듯 선들선들합니다. 그것이 지나가는 사람의 고개를 갸웃거리게 합니다. 학교 정문에 걸어둔 플래카드 치고는 너무나 씁쓰레합니다.

* 배번호접수장소

운동장을 걷다가 우연히 눈에 띈 구절입니다. 천막 몇 개를 친 것을 보니 무슨 운동회가 있는 날인가 했습니다. '배번호접수장소'라고 적힌 작은 팻말에 눈이 걸려 걸음을 멈추었습니다. 배는 배[腹]를 말하는지, 등[背]을 말하는지 전혀 구별이 되지 아니했습니다. 남의 잔치에 배 놓아라 감 놓아라 할 처지는 물론 아닙니다. 배에 달든 등에 달든 관객은 구경만 하면 되지 않겠습니까. 등에 다는 것보다는 배에 다는 것이 선수를 식별하는 데 효과적이라고 할까요. 부질없는 생각이 자꾸 치밀어 올랐습니다. 이렇건 저렇건 번호를 배와 등에 달고 뛰는 선수들의 건강한 모습이 눈에 어른거렸습니다.

어떤 형식의 문장이든 어휘사용은 정확성을 요구합니다. 주술부와 서술부, 토씨 하나에 이르기까지 어긋남이 없어야 옳은 문장으로 점찍을 수 있습니다.

* 나는 혼자 방 안에서 책을 읽고 있었다.
* 나는 홀로 방 안에서 책을 읽고 있었다.

'혼자'와 '홀로'의 차이는 '가정'과 '가옥'의 차이처럼 그 뜻이 선명하게 다릅니다. '가정'을 'home'이라면 '가옥'은 'house'인 것처럼 구별이 됩니다. '혼자'는 하나 즉 단일單一을 뜻하는 숫자상의 개념입니다. 그러니까 아무도 없는 방 안에서 조용히 책을 읽는다는 의미가 내포됩니다. 하지만 '홀로'인 경우는 어떤 적막감, 쓸쓸함이 걸려 있습니다. "한산섬 달 밝은 밤에 수루에 '홀로' 앉아"일 때 그것은 쓸쓸하게 앉아 있음을 의미합니다. '가정'에서는 따뜻함이 있으나 '가옥'은 말 그대로 집/건축물에 지나지 아니하듯이 다릅니다.

책읽기는 기쁨과 연관됩니다. 하기에 '홀로'라고는 할 수 없습니다. 뒤 문장의 경우라면 가령 "나는 홀로 방 안에서 웅크리고 있었다."라면 웅크리고 있는 쓸쓸하고 아픈 마음이 그대로 전달되겠습니다. 이미 아는 대수롭지도 않은 상식이지만 하나하나 짚어나가면 우리말의 묘미란 것이 절실하게 다가오는 기쁨에 끌립니다.

수필은 재미있게 써야 한다는 말을 수시로 듣습니다. 재미없는 수필은 아무도 읽지 않는다고 했습니다. 수필은 하필 재미와 연관되는지 많은 수필가들은 재미란 말을 약방의 감초처럼 망설임도 없이 써먹습니다. 그러고 보면 수필의 특성은 재미에 있는 것 같습니다.

그런데 정작 재미와 기쁨에 대해서 그 뜻매김을 옳게 하지 않는 것 같습니다. 재미enjoy를 육감적인 면에 둔다면 기쁨pleasure은 정신적인 면에 그 무게를 둔다고 봅니다. 하기에 수필은 재미보다는 기쁨이 있는 문학이란 측면이 오히려 마땅하지 않을까 싶습니다. 한 작품을 읽고 기쁨을 느꼈다면 그 작품은 재미를 본 작품보다 훨씬 높이 평가되어야 한다고 봅니다.

* 아버지가 오셔서 매우 재미있었다.
* 아버지가 오셔서 매우 기뻤다.

어느 어법이 바른 것인지는 불문가지입니다. 아버지와 가령 딱지치기 놀이를 합니다. 이때 재미있게 놀았다고 합니다. 유아들의 어법입니다. 그러고 보면 재미는 미성숙상태이고 기쁨은 성숙상태라는 것도 짐작이 갑니다. 수필은 성숙으로 지향하는 문학이란 것은 말할 바도 없지요. 가슴을 벅차게 하는 아, 이 기쁨. 수필의 바닥을 차지하고 있는 것은 재미가 아닌 기쁨입니다.

언젠가 남해에 있는 다랑논 구경을 갔습니다. 비탈진 곳에 논을 개간한 농민들의 피땀 어린 흔적이 다랑논에 있었습니다. 산비탈을 깎되 산비탈을 다치지 않게 하느라고 비탈이 생긴 곡선의 모습대로 논을 일구었습니다. 농민들은 일찍이 요즘 흔히 말하는 에스s 라인이란 것을 알고 있었습니다. 그 다랑논의 곡선을 닮느라고 여성들이 몸을 깎는 피땀 어린 노력을 합니다. 농민들은 곡식을 얻으려고 다랑논을 깎았으나 여성들은 건강미를 구하려고 몸을 깎습니다. 에스s 라인의 경우 농민들이 그 원조입니다.

어느 국밥집 앞을 지날 때였습니다. 여남은 집이나 줄줄이 늘어선 국밥집 가게는 한결같이 '원조할매국밥집'이란 간판을 달고 있었습니다. 장사도 원조란 이름을 달아야 되는 모양이라며 나는 물끄러미 그 간판 앞을 지나갔습니다.

수필의 경우에도 누가 먼저 어떤 새로운 말을 하느냐에 주목하게 됩니다. 가령 '여자가 시집가서 김장 서른 번 담그면 할머니가 된다(피천득)'라든가 '어둠은 검은 옥이었다(김병규)'와 같은 표현은 전매특허나 다름없는 귀한 구절입니다. 수필가는 누구나 그 수필가만이 갖는 말을 창조하는 노력을 기울입니다. 언어는 수필가의 생명입니다. 생명을 찾아 수필가는 동분서주합니다.

> 아버님 산소 아래 남편의 무덤이 있다. 칠 년 동안 나는 아이들을 키워 놓았지만, 남편은 무덤 위에 풀만 키워 놓았다.
>
> — 남지은, 「돌나물」 부분, 『빈지 틈으로』 수필과비평사, 2007.

'남편은 무덤 위에 풀만 키워 놓았다.' 이것은 수필가 남지은의 언어입니다. 새로운 언어를 찾는 노력으로 수필가는 더욱 돋보입니다. 언어를 제자리에 앉히는 일도 물론 중요하지만 새로운 언어를 탐색하는 일은 수필가의 꾸준한 책무이기도 합니다.

오늘의 언어는 내일의 언어가 아니라는 자각이 수필을 더욱 수필답게 하는 길입니다. 새로운 세계창조를 위한 부단한 정신입니다.

수필을 위한 각서覺書

1.

상처란 몸을 다친 경우와 마음을 다친 경우를 두고 말할 수 있습니다. 앞의 것은 밖으로 나타나 보이는 부분이고 뒤엣것은 내면 즉 마음에 입은 타격으로 보이지 않는 부분입니다. 상처를 입었다거나 상처가 힘이라고 말할 때는 심리적인 상처를 두는 경우가 대부분입니다.

육신의 상처는 시일이 지나면 곧 낫는 대신 마음의 상처는 좀처럼 갈앉지 않는 아픔이 되어 때로는 힘, 때로는 절망의 씨앗으로 움터 오릅니다. 씨앗을 어떻게 가꾸느냐에 따라 희망적인 삶, 아니면 절망적인 삶을 사는 갈림길이 됩니다.

수필을 하는 동안 수많은 찬사와 비난의 언사와 상처에 놀게 됩니다. 상처를 피할 생각은 하지 않아야 합니다. 상처는 어떤 점 수필가를 성숙케 하는 소중한 전리품戰利品입니다. 상처를 쓸고 다듬는 사이 상처와의 은밀한 대화를 나눌 수 있습니다. 그 대화는 향상에의 길입니다. 상처가 힘이라고 하는 말이 거기 있습니다. 상처에 가령 따가운 소금을 치는 비난도 받아넘겨야 상처는 보다 단단하게 아뭅니다. 칭찬은 사람을 신나게 하는 약이라고 하지만 상처 또한 삭이기에 따라 도약을 위한 처방이 됩니다.

수필가는 말을 늘어놓기 위해서 작품을 쓰지 아니합니다. 거듭 말하지만 세계를 새롭게 보고 느끼고 그런 새로운 세계를 창조하기 위해서 하는 노동이 수필입니다. 그렇다면 수필가는 소설처럼 스토리 전달자가 아니란 말이 됩니다. 그러나 말 가운데 뜻이 있다고 할 때 스토리는 당연히 요구되는 작품 속의 날실입니다. 하지만 날실만을 위한 날실은 수필의 바탕을 그르치게 됩니다. 이야기나 그다지 다름없는 날실은 수필의 몫은 아닙니다. 날실과 씨실의 어울림으로 직조되는 수필의 바닥은 튼튼한 베틀 위에 탄탄하고 야무진 옷감 한 필을 뽑아내는 것입니다.

수필이란 꼭 어떠해야 된다는 말에 쉽게 귀 기울일 수는 없습니다. 수필도 여느 문학이나 다름없이 새로운 세계창조를 위한 자유로운 문학이기 때문입니다. 틀을 미리 짜 만들어 그 틀 속에 끼워 넣으려는 수필이란 닫힌 문학이지 열린 문학은 아닙니다.

현대문학 백 년을 지나는 사이 수필 또한 많은 진전과 변화의 소용돌이를 겪습니다. 변해야 산다는 말이 아니라도 수필도 변하고 있음이 역력합니다. 수필은 생각과 느낌의 결정으로 세계에 대한 새로운 인식을 펴는 문학이란 뜻은 자명합니다. 생각과 느낌은 어제와 오늘 사이 새로운 변신을 합니다. 그 힘이 문학의 중심에 수필을 서게 합니다.

수필을 위한 상처는 깊을수록 의미를 갖습니다. 끈질긴 투시력이 세계를 향하여 뚫리기 때문입니다. 투시력은 레이저광선처럼 세계의 내면을 통과합니다. 내면세계를 본다는 것은 정신력의 집중입니다. 그 집중으로 세계는 더 깊고 아픈 상처를 당당하게 꿰맬 수 있습니다. 세계와의 치열한 감각싸움의 전리품이 수필이란 작품입니다.

2.

수필가는 작품으로 말하지 무슨 세력이나 감투로 말하지 않습니다. (ㄱ) 그러나 뛰어난 작품생산과 활발한 조직관리 및 조직을 위하여 봉사하는 수필가, (ㄴ) 작품만 쓰고 조직에 그다지 관심이 없는 수필가, (ㄷ) 조직에 활발하되 작품이 시원치 못한 수필가, (ㄹ) 이도 저도 아닌 이름만의 수필가 등으로 갈래를 나눈다면 실례되는 일인지도 모릅니다. 하지만 수필계의 바닥을 깊이 들여다 보면 어쩌다 이런 몇 가지 형태가 희미하게나마 떠오르는 것은 어쩔 수 없는 현실입니다.

(ㄱ)의 경우는 크게 바람직스럽습니다. (ㄴ)의 경우도 수필을 위해서 좋은 일이긴 하지만 조직사회에서 사회성을 망각한 자세라고 하겠습니다. (ㄷ)의 경우는 감투만 노리며 이곳저곳 기웃거리는 무소불위한 활동형입니다. (ㄹ)은 인원 부풀리기에 불과한 존재이기 쉽습니다. 민주주의 방식인 투표에 필요한 표에 지나지 아니한다면 망발인지도 모릅니다. 이는 비단 수필계의 문제만은 아닙니다. 민주사회라는 것은 흔히 그런 부류로 구성되어 있어 이를 이용하고자 마구잡이로 문인을 생산하는 정략가도 있는 세상입니다. 내로라하는 무슨 단체란 것도 우두머리로 기어오르고자 서로 물고 뜯는 아비규환의 세상입니다.

이렇게 구분 지으면 어느 부위에 들어야겠다는 생각은 나름대로 할 것입니다. 수필가 또한 단체란 것을 구성하고 그 단체의 결속력이 막대한 힘이 되기도 합니다. 단체의 우두머리는 수필을 위한 갖가지 어려운 일을 맡아 위상을 제고시키고자 노력합니다.

만약 그런 노력이 없거나 할 수 없다면 단체를 위해서 깨끗이 물러나는 것이 도리입니다. 흔히 말하길 수필은 인품의 문학이니까 그런 문제쯤은 스스로 깨닫고 결정할 문제입니다. 그런데 아무 실적도 없이 자리만 지킨다면 단체를 위해서 불행한 일입니다.

수필의 날을 정하고 해마다 많은 수필가들이 즐거이 참여합니다. 좋은 현상입니다. 문학권에서 미미한 대접을 받는 수필이 그렇게나마 하여 위상제고에 도움이 된다면 그 이상 바랄 것이 없습니다. 결집된 힘으로 수필을 위한 각서라도 작성하여 각계각층에 호소하면 수필의 날은 더욱 알차게 지속되며 수필에 대한 인식 또한 달라질 것입니다.

이를 위해서는 무엇보다 앞서야 할 것은 수필문학의 질적 향상입니다. 아무리 수필이 문학이니 뭐니 해도 질적 향상이 따르지 않으면 모든 행사는 공염불이 되고 맙니다.

식상한 소리지만 세계를 새롭게 보고자 수필가는 보다 날카롭고 예민한 오감을 갖습니다. 어제 본 세계는 오늘의 세계 아닙니다. 어제와 오늘의 시공은 이미 동일한 시공에서 벗어납니다. 하기에 수필가에게 다람쥐 쳇바퀴 돌듯 하는 삶은 없다고 봅니다.

일인칭 문학인 수필은 이 모든 것을 수필가 혼자 통섭하는 고독한 작업입니다. 그 힘든 노력을 위안하느라고 가슴이 따뜻한 문학이니 담담한 문학이니 품격의 문학이니 하는 찬사가 생겼는지 모릅니다. 하지만 아닙니다. 그런 언사에 혹하지 말아야겠습니다. 수필은 세계에 상처를 내서라도 세계의 속사정을 깊이 파헤치고 세계를 새롭게 표출하려는 문학임을 인식해야겠습니다. 겉만 번드레하고 속이 텅 빈 포장 같은 수필에 속아서도 아니 됩니다. 보다 진지하고 보다 치열해야 합니다.

엇박자 같은 말이겠지만 수필은 병 주고 약 주는 문학임을 알아야겠습니다. 꿰뚫은 세계의 상처에 혓바닥을 대고 그 세계의 아픔을 핥아보고 다시 붕대를 감아주는 피 묻은 손이 수필입니다. 음풍농월과 신변만의 사설은 이미 지난 시절의 '노세 노세 젊어서 노세'와 더불어 사라진 낡고 병든 풍물입니다.

수필의 약 처방은 상상력이 그 주류를 차지합니다. 문학에서 올바른 대접을 받지 못하는 원인은 상상력을 픽션과 흡사한 개념으로 두루뭉술하게 보는 데서 이미 시작되었습니다. 생각과 느낌은 세계를 어떻게 보고 쓰다듬느냐의 길이며 그 결과물입니다.

말할 나위도없이 상상이란 세계를 새롭게 보고 느끼고자 하는 번득이는 이미지를 낳는 둥지입니다. 그 힘이 상상력입니다. 재생적 상상을 창조적 상상으로 몰고 가는 수레입니다. 함으로 상상은 보이지 않는 것을 보고 들리지 않는 것을 듣는 능력의 주인공입니다.

고요 속에는 고요만이 아닌 뜨거운 싸움이 불붙고 있음을 고요가 말합니다. 그 말을 듣고 보는 감각을 수필가는 당연히 갖습니다. 정적의 소리가 들린다고 할 적에 수필가는 이미 고요의 세계 속에서 고요를 느끼고 어루만지고 있는 셈입니다.

수필가는 수필문학에 헌신하는 수필문학을 위한 지킴이입니다. 그 지킴이를 위하여 조직이 필요할 뿐입니다. 감투를 위한 조직은 수필에 아무 도움도 되지 못합니다.

시는 놀라움이다. 알랜 포의 말입니다. 이를 수필에 적용할 때 수필 또한 당연히 놀라움입니다.

3.

수필은 세계가 갖는 외면과 내면을 진솔하게 포착하여 그 세계를 감각적인 시각으로 새롭게 인식하는 형식의 문학입니다. 그 결과물을 문장으로 표출한 내용이 수필입니다.

하지만 진솔이라고 하는 말에 관심을 둘 일입니다. 인간의 오감은 서로 비슷할 뿐 판에 찍은 듯이 동일하지 않다는 점에 문제는 있습니다. 그렇지 않다면 수필가는 한 사람이면 족합니다.

갑이 본 꽃은 붉으나 을은 검은 색으로 봅니다. 똑 같은 꽃을 보는 마음의 눈이 이렇게 다를 수 있다는 점에 유의할 일입니다. 갑은 희열에 찬 눈으로 꽃을 보았으나 을은 비통한 상태에서 꽃을 보았습니다. 함으로 세계를 결정하는 것은 인간의 마음입니다. 인간의 마음이 천편일률이 아니듯이 수필 또한 마음을 닮아 핍니다. 대동소이大同小異라고 했습니다. 수필이라는 큰 틀이 대동이라면 그 속의 작품 하나하나는 소이에 견주어봅니다.

어떤 취미가는 생화를 선택하지만 다른 취미가는 조화일 수 있습니다. 생화를 좋아하는 사람은 싱싱한 호흡을 느끼고 꽃의 체온을 감지할 것입니다. 생화는 생명이 있으나 조화는 생명이 없다고 따돌립니다. 하지만 조화는 조화로서의 생명력을 갖습니다. 생명이 없는 사물은 아무것도 없습니다. 책상 위의 볼펜, 쓰다버린 종이 낱장도 생명을 갖습니다. 인간이 서둘러 무생물이라고 못을 박은 것에 지나지 아니합니다. 인간의 횡포입니다.

수필은 시와 소설에 견주어 격이 낮은 문학쯤으로 따돌립니다. 시 또는 소설은 적자이되 수필은 서출이라고 하는 인상을 받습니다. 시인과 소설가에 비해서 세계를 보는 눈이 단순하고 일률적이란 견해로 수필을 뒷방으로 밀어붙이려 합니다. 세계를 나름대로 까부수고 그 내면을 천착하려는 치열성이 부족하다고 보는 것 같습니다. 수필가 또한 이에 맞장구를 치는 듯한 인상을 풍깁니다. 온화하고 부드럽고 겸양의 미덕으로 분위기 있는 직조라야 수필다운 수필이 될 수 있다는 말을 서슴없이 내뱉습니다.

시와 소설은 허상을 끌어와 긴축된 언어 혹은 구체적인 언어로 세계를 드러내려 합니다. 이에 반하여 수필은 기왕 있는 진실을 낯선 진실로 변환시키려는 수법이 요구됩니다.돌절구를 구입하여 차량 뒤에 싣고 가던 수필가는 그 돌절구를 예쁜 색시로 보는 느낌에 들뜹니다. 그것은 벅찬 변환기법입니다. 손광성의 수필 「돌절구」에 나오는 이야기입니다. 말할 나위도 없이 돌절구를 색시로 보는 장면입니다. 흔히 말하는 낯설게 보기입니다.

굳이 이런 구절이 아니라도 수필은 있는 사실을 또 다른 사실로 표출하는 노력임을 알 수 있습니다. 시와 다른 점이 있다면 시는 운문, 수필은 산문서술이라는 점입니다. 허상을 좇는 것이 아닌 실상세계를 창조적 상상력으로 보는 셈입니다.

물이 흘러가는 것처럼 세계는 고정되어 있지 않습니다. 그런데 수필의 경우는 다소 보수적입니다. 변화하는 세계를 고정된 감각으로만 처리하고자 합니다. 수필이 문학권에서 보다 확실하게 발돋음하기 위해서는 세계를 꿰뚫어보는 날카로운 투시력과 그를 구체화시키려는 노력이 있어야 합니다. 누가 자루를 깎아 도끼구멍에 끼워 하늘에 세울 것인가[誰許沒柯斧 我研支天柱]라는 원효대사의 구절을 상기할 일입니다.

수필이라는 도끼에 자루를 깎아 하늘에 꼿꼿하게 세울 그 막중한 일은 수필가의 지고지순한 노력에 딸려 있습니다.

천하지대본天下之大本, 이 구절을 수필의 것으로 세울 수 있어야 합니다.

바다수필의 문제

1.

지도를 굳이 들추지 않아도 우리나라는 바다를 떠나 말할 수 없는 지형입니다. 내륙지방에서는 그다지 느낄 수 없는 일이지만 그렇습니다. 삼면이 바다라는 지형은 우리에게 바다와 함께하는 삶을 일깨워줍니다.

그런 탓인지 요즘은 해양문학이라는 말이 문학의 판도에서 큰 위치를 차지합니다. 바다를 소재로 한 수필 또한 향후 해양문학의 좋은 몫을 하리라고 봅니다.

바다 이미지는 광활함과 그리움과 꿈을 동반합니다. 변함없이 출렁이는 것, 그것은 바다의 율동입니다. 살아 있음을 의미하는 꿈틀거림이 파도에 떱니다. 푸른 동맥입니다. 하늘의 구름도 움직입니다. 그래서인지 구름의 바다라는 말을 합니다. 가을들판을 보고 황금물결이라고 합니다. 그 속에는 황금바다라는 말이 들어 있습니다. 이처럼 출렁이는 것에서 바다를 떠올립니다. 이렇게 보면 바다만이 바다가 아닙니다. 출렁이는 것은 바다이며 그 희망입니다.

수필에는 해양을 소재로 한 작품이 드뭅니다. 해양체험의 부족이 그 원인인 듯합니다. 보다 적극적으로 바다를 수용하지 않은 탓이기도 합니다. 바다이미지를 문장에 깔고 있으나 바다를 보다 구체적으로 내세우지 않으니까 바다에 관한 절실함을 느낄 수 없다는 말에 공감할 수도 있습니다.

장보고의 바다가 떠오릅니다. 이순신의 바다가 떠오릅니다. 그것은 모두 나라를 위하고 나라를 지킨 바다입니다. 바다는 그 바다가 감싸고 있는 육지를 지키는 교두보 역할이라고 하겠습니다. 그렇게 보면 바다는 모성을 갖습니다. 모성의 바다. 바다는 해양국가의 운명이며 위대한 어머니의 품입니다.

해양자원이라는 말 속에도 모성과 같은 느낌이 있습니다. 당연한 일입니다. 바다는 인류를 구원하는 먹이의 현장입니다.

산은 높이를 말하고 바다는 깊이를 말합니다. 산과 바다 사이에 있는 들판은 일종의 완충지대라고 하겠습니다. 그러면 높이[산]와 깊이[바다]와 완충지대[들판]와의 관계는 무엇인가를 수필을 두고 말하는 것이 순서일 듯합니다. 이 글의 성격이 수필을 앞머리에 두니까 그렇습니다.

바나 가까운 곳에서 지내고, 부지런히 바다와 접촉하면서 살았기 때문에 내 마음속에서는 만사가 헛된 꿈과도 같은 것이라는 생각이 더욱 굳어졌다. 밀물과 썰물이 있는 바다, 브르티뉴에서처럼 항상 움직이는 바다 말이다. 그곳의 어떤 해안에는 한눈으로 다 껴안을 수도 없을 만큼 광대무변한 넓이가 펼쳐져 있다. 얼마나 엄청난 공허인가! 바위들, 개펄, 물……. 날마다 모든 것이 전부 다시 따져보아야 할 문제로 변하는 곳이니 참으로 존재하는 것은 아무것도 없는 셈이다. 나는 자신이 밤의 어둠 속에서 어떤 나룻배를 타고 있다는 상상을 해보곤 하는 것이었다. 방향을 가늠할 표적 하나 없었다. 길을 잃은 채, 어쩔 도리도 없이 길을 잃은 채, 눈에 보이는 별 하나 없었다.

이런 몽상이 그렇다고 쓸쓸한 것은 결코 아니었다. 나는 그 몽상을 마음 편하게 펼쳐가고 있었다. 그런 이야기를 쓴 글을 읽은 적이라곤 한번도 없었으니 무슨 「문학적인 병」이라고 할 성질의 것도 아니었다. 그것은 타고난 병이었고 나는 달콤한 기분으로 그 병을 즐겼다. 무한의 감정은 내게는 무라는 것이 그러했듯 아직 이름이 없는 감정이었다. 그 결과 내가 느낀 것은 거의 완전한 무심, 일종의 고요한 무감각—눈을 뜬 채 잠자는 사람과 같은 그런 상태였다. 날이면 날마다 나는 그 음울한 벌판으로, 씨앗 하나 싹트는 일 없는 그 황량한 모래톱으로 쏘다녔다. 나는 물결을 따라 앞으로 나아가는 것 같았지만 물결은 뒤로 물러났다 앞으로 나아갔다 하면서, 마치 든든한 밧줄로 바다 깊숙이 비끄러매놓은 부표처럼 끝내는 나를 제자리에 그대로 남겨놓는 것이었다. 그 같은 무감각 상태에서 헤어나기란 좀처럼 쉽지 않았다. 내가 그것을 좋아하고 있었다고는 말할 수 없다. 나는 쾌감이 전혀 없지도 않은 채 그냥 당하고 있었던 것이다. 그로 인하여 결국 어떤 결과에 이르게 되는 것일까? 무엇이나 다 어디엔가로 인도하게 마련이다. 오직 그것에만 아무런 출구가 없었다. 설사 그 상태의 끝에는 죽음이 기다리고 있었다 하더라도 나의 삶 자체가 어찌나 죽음과 흡사한 것이었는지 그 차이를 분간하지 못했을 것이다. 심지어 동물도 죽을 때는 본능적으로 경련하는 법이라지만.

— 장 그르니에, 「공의 매혹」 부분, 『섬』 김화영 옮김, 민음사, 2005.

무엇이 바다수필인가고 물을 때 바다를 소재로 한 수필이라고 우선 말할 수 있습니다. 산과 들판을 말하되 바다를 주제로 하는 수필이라면 그 또한 바다수필이겠습니다. 하기에 바다수필의 영역은 바다처럼 넓고 깊습니다.

티브이 프로그램은 고맙게도 사람이 쉽게 가볼 수 없는 바다 밑 세상을 보여주기도 합니다. 신비의 세계가 그곳에 있습니다. 수필가 또한 조금 더 깊이 조금 더 폭넓게 바다 밑 세계를 짚어나갈 수 있을 것입니다. 그 길이 수필의 다양성과 폭넓은 시야이기도 하겠습니다.

작은 함정을 타고 태평양 횡단항해를 한 적이 있습니다. 벌써 60년 전의 이야기입니다. 태평양 가운데서 먼 뇌성을 듣기도 했습니다. 맑고 푸른 하늘 멀리서 들렸습니다. 그 소리는 태평양 끝에서 푸른 파도를 떠밀고 오는 낮고 무거운 소리 같기도 했습니다. 어디서 어떻게 날아왔는지 하얀 갈매기가 뒤따라오곤 했습니다. 그러다가 또 어디론가 날아갔습니다. 갈매기가 날아가는 방향에 하와이 섬이 떠 있다는 생각에 잠겼습니다. 함정은 계산된 항로를 따라 운항하는데 갈매기는 항해도 한 장 없이 자유자재로 날아다니는 것이었습니다. 바다를 알 때 바다는 함정의 가장 안전하고 편안한 보금자리가 될 것이란 생각이 들었습니다.

갈매기는 바다의 상징이었습니다. 또 있습니다. 섬입니다. 섬은 바다가 놓은 바둑돌 같은 징검다리라고도 할 수 있겠죠. 그 다리를 건너 물결은 이쪽에서 저쪽으로 옮아 다닙니다. 구름이 지나가다가 싸지른 똥이 섬이 되었다는 어설픈 생각도 할 수 있습니다. 그렇게 보니 다도해는 구름이 싸지른 아기자기한 똥의 현주소입니다. 그 현주소를 사람은 때로 그리워합니다.

> 바다 위에 떠가는 꽃들아, 가장 예기치 않은 순간에 보이는 꽃들아, 해초들아, 시체들아, 잠든 갈매기들아, 배의 이물에 갈라지는 그대들아, 아, 내 행운의 섬들아! 아침의 예기치 않은 놀라움들아, 저녁의 희망들아 —나는 그대들을 이따금씩 다시 보게 되려는가? 오직 그대들만이 나를 나 자신으로부터 해방시켜 준다. 그대들 속에서만 나는 나 자신의 모습을 알아볼 수 있다. 티 없는 거울아, 빛없는 하늘아, 대상 없는 사랑아…….
>
> — 장 그르니에, 「행운의 섬들」 부분, 『섬』 김화영 옮김, 민음사, 2005.

수필가는 어떤 점 바다에 뜬 섬을 찾아 떠도는 고행자인지도 모릅니다. 아니 섬은 바다에 있고 산에 있고 들판에도 있지 않겠습니까. 그 섬을 찾아 떠나는 떠돌이라면 어떻겠습니까. 나와 너 사이, 남男과 여女 사이, 사람과 꽃 사이, 사람과 나무 사이, 사람과 짐승 사이에 가로놓인 그 틈새에 섬이 있습니다. 이렇게 보고 있으면 섬은 어쩔 수 없이 떠돌이 같은 상징이기도 합니다. 그 상징기표인 섬[島]은 새[鳥]를 닮았습니다.

바다수필은 어떤 점 그 그리움을 찾아 섬의 심장을 통과하여 섬의 가장 아늑한 밑바닥으로 닿으려는 끈질긴 노력인지도 모릅니다. 섬 속에 뜬 섬을 찾아 수필가는 쓸쓸하지만 의미 있는 행장을 챙길 것입니다.

해양문학이란 것이 향후 바다수필을 부추기는 훌륭한 추진력이 될 것입니다. 문학작품인 수필을 써서 마음의 소득이 생기고 광활한 바다체험을 할 수 있어 더 좋은 수필문학을 하기 위한 길이 될 것입니다. 바다와 연관되는 작품을 하기 위하여 직접 선박생활을 체험한다는 이야기도 있습니다. 체험문학인 수필에서 이런 시도는 충분히 권장할 가치가 있고 또 당연한 일입니다.

그러나 바다로 나가야만 해양문학은 아닙니다. 모래알에서 캐는 바다냄새에서 먼 바다의 이야기를 들을 수 있습니다. 바다는 수필가에게 깊고 아득한 수평선 같은 수필의 길을 가르쳐 줍니다. 그 가르침을 듣고 배우고자 하염없이 바닷가에 섭니다. 한 줌 모래알에도 생명이 있다는 혼잣말을 합니다.

2.

날개가 없어도 날 수 있고 뿌리가 없어도 움직이지 않는 것은 정情이라고 합니다. 중국 춘추시대 제齊나라의 정치가인 관중管仲의 말입니다. 관포지교管鮑之交라는 말을 더불어 떠올릴 수도 있지 않겠습니까. 수필과 수필가와의 사이에도 관포지교와 같은 어울림이 있어야 참다운 수필정신이라고 말하고 싶습니다.

수필은 가나다라처럼 순서와 질서를 지키는 서술형식은 물론 아닙니다. 가다나라로 그 서술진행을 바꿀 수도 있습니다. 아침에 집을 나가 저녁에 집으로 돌아오기까지의 일을 순서대로 쓰면 그것은 기록문에 지나지 아니한다는 것은 모든 수필가들이 인지하는 바입니다. 수필은 진솔하고 담담한 서술이라야 글값을 한다고 합니다. 하지만 거기 얽매여 수필의 격을 떨어트리는 일은 행여 없는지 생각해 볼 문제입니다.

파도는 때로 잠든 듯 잠잠하다가 어느 날 갑작스런 폭도로 돌변합니다. 완만한 것이 있으면 가파른 것이 있음을 파도가 말합니다. 내유외강이니 외강내유란 구절을 바다에 빗대어 볼 수도 있습니다. 문장의 레가토와 스타카토를 생각합니다. 바다의 파도소리가 그것을 넌지시 가르쳐 줍니다.

> 겨울파도 속에는 섬뜩한 칼날이 들어 있다. 찢어진 옷자락, 핏발 선 눈알이 번득인다. 파도는 일단의 폭군들이다. 바다를

허옇게 뒤엎어 놓고 저들끼리 부딪쳐 다시 피를 짠다.

도량 넓은 사람처럼 태평양의 물결은 대범하다. 동해나 서해의 파도를 보라. 얼마나 잔꾀들인가.

그러나 큰 바다라고 마음을 놓으면 큰 바다에 단박 속는다. 작은 바다의 몇 갑절이나 되는 긴장으로 건너야 한다. 처음 조용하던 바다가 도중에 갑작스런 태풍을 끌어와 타격을 준다.

가족은 가족대로 바다 걱정은 떠나지 않는다. 지아비를 먼 바다에 보낸 지어미의 관심은 바다에만 있다. 라디오의 다이알을 자주 일기예보에 맞춘다. 밥을 짓고 빨래를 해도 생각은 종일 지아비의 바다에 간다. 집에 있는 가족은 방안에서 마음 태우는 배를 타는 셈이다. 난무하는 바다가 성낸 함성을 지르며 달려왔다. 저 소리는 지아비의 뱃길을 괴롭히던 함성인지도 모른다. 이런 생각을 하면 귀를 막고 싶다. 그러나 일제히 덤벼드는 광란의 파도 앞에 그것은 너무나 허약한 저항이다.

그러나 돌팔매를 마음으로 던지는 사이 파도를 이기고 지아비는 무사히 집으로 돌아온다. 그때사 파도를 원망하던 마음은 까맣게 사라진다. 집안은 갑자기 새 빛깔을 띠면서 침침하던 생활에 환한 윤기가 돈다.

어쩌면 파도는 바다의 지아비와 집안의 지어미를 짝 지우기 위한 줄기찬 신호가 아니던가. 집으로 향하는 지아비의 마음, 바다로 향하는 지어미의 마음을 실어 나르던 파도. 그제야 마음으로 파도의 마음씀이 고마워진다.

— 유병근, 「파도」 부분, 『허명놀이』 관동출판사, 1981.

시답지 않은 인용이 다소 길어졌습니다. 다만 「파도」 또한 바다수필의 몫이 될 것이라며 덧붙여 봅니다. 착각은 자유라는 너스레를 떱니다. 그러고 보니 지금까지의 수필생활에서 바다를 소재로 한 수필이 거의 없었다는 뉘우침에 잠깁니다. 기껏 '바다'라는 어휘나 겨우 몇 번 써먹었을 뿐입니다.

바다는 말할 나위도 없이 자연자원의 보고이기도 합니다. '넓고 넓은 바닷가에 오막살이 집 한 채'라는 쓸쓸한 노랫말은 이제 접어도 좋겠습니다. 인간의 생명을 유지하도록 풍부한 어패류와 천연가스며 기름을 제공하는 고마운 바다입니다.

그 바다를 오대양으로 나눕니다. 끝없는 수평선은 그 깊이를 속으로 감추고 있습니다. 바다의 평균 깊이를 12,500피트라고 책이 말합니다. 괌 부근의 바다 깊이는 36,000피트라고도 합니다. 육대주에는 높은 산악이 있고 바다에는 깊은 해저가 있습니다. 인간은 그 자연의 혜택을 골고루 받는 셈입니다.

바다에도 어김없이 계절이 찾아듭니다. 여름바다는 물론 팽팽하고 풍만한 젊은 활기로 넘칩니다. 그러나 싸늘한 겨울바다의 이성을 읽는 맛도 좋을 것입니다.

이를 수필문학으로 승화시킬 어떤 책무를 가진 자가 수필가라는 생각도 하게 됩니다. 그런 점 무궁무진한 수필소재를 제공하는 바다를 아끼고 사랑할 일입니다. 그 실천방안이 바다수필쓰기란 생각입니다.

수필에 길이 있다

1.

수필가의 마음은 우리말을 사랑하고 아끼는 정신구조로 짜여 있습니다. 하기에 하나의 새로운 말을 찾아 서랍을 뒤지고 책꽂이를 뒤지는 수고를 합니다. 입술에 매달려 나올 듯 말 듯 애를 먹이는 낱말을 끌어내고자 잠을 설치기도 합니다. 그건 고통이기도 하지만 은근한 기쁨의 씨앗입니다.

신선한 언어의 탄생을 보듬어 그 말을 문장에 끼울 때 수필가는 비로소 수필을 하는 남이 모르는 보람을 갖습니다. 함으로 수필가는 우리말 사랑의 지킴이입니다. 우리말을 찾아 우직하게 앞만 보고 날아가는 화살입니다.

언어는 고정되어 있지 아니합니다. 시대의 흐름을 따라 변하는 것이 언어입니다. '갈'은 '칼'이 되었습니다. 그나마 칼의 명맥을 지키고 있습니다. 하지만 디지털시대는 언어의 변화를 재빨리 유도하고 있습니다. 은어를 비롯한 신조어가 쏟아집니다. 하기에 세대 차이는 이미 언어사용에서 나타납니다.

아무리 시대가 변해도 간직해야 할 언어도 부지기수입니다. 도시환경과는 거리가 다소 먼 '쇠죽'을 모르고 '디딜방아'를 몰라도 생활에 아무 지장이 없습니다. 하기에 앞으로 쇠죽이란 말이 사라지고 디딜방아란 말 또한 자취를 감출지 모릅니다. 이를 지키고자 수필가는 수필을 한다고 하면 너무 일방적인 이야기가 될지 모릅니다. 그러나 우리 것을 지키자는 말 속에는 쇠죽이 있고 디딜방아가 있습니다. 토속적인 언어는 토속적인 냄새 그대로가 우리 흙이며 바람입니다. 찐득찐득한 찰흙이 묻은 언어를 문질러 볼 일입니다. 부엌 시렁에 매달린 숯검정 같은 어둠살에 집을 짓는 거미의 건축법을 생각할 일입니다.

아름다운 우리말이라고들 합니다. 정작 그렇게 말하는 사람도 시대의 변화를 외면할 수는 없어 인터넷 용어에 길들어 때묻은 우리말과는 서서히 거리가 멀어집니다. 인터넷과 함께 살아야 보다 앞서가는 지식인으로 군림할 것이라며 정작 알아야 할 우리말은 까먹게 됩니다. 사전 속에서만 겨우 명맥을 유지하는 언어는 죽은 언어입니다. 이를 찾아내어 갈고 닦아야만 언어도 비로소 신나는 날개를 활짝 폅니다.

그런 점 수필가는 언어지킴이로 대접받아 마땅합니다. 독자의 반응은 새로운 언어를 읽고 이를 다시 익히는 일에서 수필을 읽는 참다운 기쁨을 얻을 것입니다. 자연스런 일이지만 수필은 읽히는 문학도서가 됩니다.

시를 읽고 소설을 읽은 독자들이 새로운 언어를 시와 소설 속에서 찾아내고 감동합니다. 그 감동이 시와 소설에 구미를 당기게 합니다. 수필도 그런 몫을 능히 지니고 있습니다. 하지만 수필은 지나치게 사건주의자입니다. 너절한 사건을 지루하게 다루는 작업에 몰두합니다. 사건은 수필의 모티브가 됩니다. 그 속에 수필만이 갖출 수 있는 새로운 언어체계를 내세울 때 수필의 격은 당연히 향상됩니다. 숟가락으로 훌훌 떠먹는 구수한 된장 맛, 손으로 쭉쭉 찢어먹는 김치 맛이 수필의 몫이 될 것입니다. 걸걸한 목소리가 천사의 맑은 목소리를 압도할 수도 있습니다. 미성美聲만이 모두는 아닙니다. 걸걸한 목소리 속에 세계를 새롭게 보고 읽는 참신한 인식체계가 들어 있습니다.

당연한 말이지만 사건은 인간사회의 것만이 아닙니다. 세계의 모두가 사건을 내포하고 있습니다. 꽃이 피는 것, 나무가 쓰러져 누운 것, 파도가 사납게 울부짖는 것, 구름이 흘러가는 것 모두 사건입니다. 바퀴벌레 한 마리가 책장 아래에서 나와 저쪽 옷장 아래로 기어갑니다. 이것은 바퀴벌레의 사건입니다. 바퀴벌레가 나타나서 사라지기까지의 시간 사이에 가령 전화 소리가 울립니다.

- 바퀴벌레가 기어가는데 전화가 온다.
- 전화가 울리는데 바퀴벌레가 잽싸게 몸을 움츠린다.
- 통화를 하는 동안 바퀴벌레는 통화내용에 귀를 대고 있다.
- 바퀴벌레가 기어가는데 화분의 사보텐꽃망울이 터진다.
- 바퀴벌레가 기어가는 바닥은 바퀴벌레의 세상이다.

이렇게 사건을 처리하는 경우도 있을 것입니다. 바퀴벌레가 나타나서 사라지기까지 몇 분 몇 초란 시간이 지나갈 것입니다. 그 몇 분 몇 초 동안에도 바람이 불고 꽃잎이 떨어지기도 할 것입니다. 꽃잎을 집으며 티브이를 켤 것입니다. 화면 속에는 몇십억이란 뇌물을 먹었다는 인사[A]가 끌려갑니다. 바퀴벌레[B] 같다고 점을 찍기도 합니다. 그러면 A=B라는 등식을 생각하게 됩니다.

수필은 크건 작건 감동을 먹고 감동을 줄 수 있어야 살아남을 수 있습니다. 감동은 충격입니다. 심금을 울리는 은근하고 뿌듯한 파동입니다. 노래를 들으면 노래가, 그림을 보면 그림이 잔잔한 심금의 울림으로 벅차오릅니다.

수필가는 아!, 하고 스스로 소스라치게 고함을 치지 아니합니다. 독자가 행간에서 아!, 하는 소리로 탄성을 지를 수 있게 처리합니다. 이것이 수필의 기법입니다. 다 까발려 놓을 경우 읽고 느낄 내용이 사라집니다. 심금을 울릴 수 있는 대목을 행간 속에 감춥니다. 그걸 독자가 찾아내는 것입니다. 술래놀이입니다.

감동을 위하느라고 이별의 안타까움, 병상일기, 사별 등을 소재로 삼아 눈을 끌어드리겠다면 이는 심금을 쥐어짜게 하는 어설픈 기법에 지나지 아니합니다. 진솔한 유로流路가 아니기 때문입니다.

앞서 보기로 든 바퀴벌레 이야기는 따지고 보면 아무것도 아닌 싱거운 이야기입니다. 한마디로 시시합니다. 그런데 시시한 것을 요리하기에 따라 잔잔한 감동이란 파문을 일으킬 수 있습니다. 커다란 충격만이 심금을 울리는 것은 아닙니다. 가장 깊은 감동은 은밀한 귀엣말처럼 은근하고 찡하게 가슴을 적시는 메아리에 있습니다. 훌륭한 요리사는 어디에서나 쉽게 구할 수 있는 흔한 재료를 다듬어 그만이 할 수 있는 맛깔스런 요리를 상에 올린다고 합니다.

2.

수필은 흔히 자기고백의 문학이라고 합니다. 그러기 위해서는 알아듣기 쉽고 재미있고 진솔해야 한다며 수필의 워낭을 흔들어 소리를 울립니다. 담담한 맛이라고 합니다. 잘 우려낸 차 맛이라고 합니다. 은은한 달빛 맛이라고도 합니다. 수필의 격을 높이는 좋은 말은 다 들어 있습니다. 그런데 무슨 일인지 수필은 문학판에서 따돌리고 책방에서조차 따돌림을 받습니다.

시쳇말로 시라면 무언지 예리한 감각에 고상스런 폼이라도 잡을 수 있을 것입니다. 소설을 하면 짭짤한 수입도 손에 쥘 수 있을 것입니다. 그런데 아무도 이렇다 저렇다 알아주지 않는 수필에 매달려 허구한 세월을 까먹느냐는 등 핀잔 비슷한 말도 들을 수 있습니다. 그런 탓인지 수필가라는 티를 감추고자 하는 부류도 있습니다.

어떤 수필가는 수필집을 그냥 산문집이라고 약삭빠른 가리개를 칩니다. 대중적으로 인기가 있는 인사들이 쓴 산문집 곁에 꽂아 덩달아 덤을 노리고자 하는 수단인지는 모르지만 수필가의 작품인 그것은 백보를 양보해도 수필집입니다. 대중을 겨냥한다면 대중수필집이라고 하겠습니다. 아니면 잡문 부스러기를 모은 허섭쓰레기나 다름없는 글묶음입니다. 그런 잔꾀로 인기를 얻고 수입도 얻을 수 있다면 그 개인으로서는 다행이겠습니다.

혹은 에세이집 운운하기도 합니다. 수필이든 에세이든 문학이라는 측면에서 그것은 모두 수필이며 수필집입니다. 혹 에세이집이라고 하여 독자층에 잘 먹혀든다면 순진한 독자에게 명태껍질 씌우는 격입니다.

뻔히 아는 일이지만 산문은 설명을 기반으로 하는 정보와 지식전달을 위한 글입니다. 독자는 그 설명만 듣고 다른 무엇을 느끼거나 생각하지 않아도 글을 읽은 보람은 됩니다. 그 설명 속에 나타난 것만 알고 있으면 거기에 대한 정보는 충분히 간

파할 수 있는 서사문입니다.

세탁기에 붙어 있는 사용설명서가 그것입니다. 설명을 따라가면 세탁기를 작동시키는 일을 쉽게 할 수 있습니다. 그렇게 해야만 세탁기는 팔립니다. 많이 팔기 위해서라도 제조업자는 될수록 알기 쉽게 작동요령을 설명하는 글을 첨부합니다. 그것이 산문의 역할입니다. 이 글 또한 수필을 위한 산문입니다.

바쁜 세상에 읽고 생각할 것은 뭐냐고 하면 말문이 막힙니다. 바쁜 세상에 운동장에 나가 죽치고 앉아 잘 풀리지도 않는 운동경기를 볼 것은 뭐냐고 하면 이 또한 말문이 막힙니다. 수필을 읽는 일이든 운동경기를 관람하는 일이든 그 속에는 과정이란 것이 있습니다. 그 과정을 맛보고 즐기는 것입니다. 과정을 알 필요가 없다면 결과만 보면 충분합니다.

산문으로 직조된 수필 또한 감동을 위한 과정을 그 바닥에 깔아놓습니다. 감동을 먹이고자 하는 정서적 욕구를 산문으로 함축합니다. 뜰에 핀 꽃은 스스로 아름답다고 꽃이 말하지 아니합니다. 그냥 피어 있을 뿐입니다. 그런데 꽃을 보는 사람이 아름답다고 합니다. 사람은 꽃을 보면 아름답다는 관념을 가지고 있습니다. 그 관념을 그냥 그대로 밝히는 것은 설명입니다. 그러나 말하지 않는 꽃의 말을 들어보는 잔잔한 응시 속에 표현이란 틈새가 들어 있습니다. 그 표현이 감동을 먹이는 길라잡이가 됩니다.

꽃이 아름답다고 감탄하는 것은 고정된 지각에 지나지 아니힙니다. 상투적인 말입니다. 다시 말하면 화자가 아름답다는 말을 하는 그것은 설명에 지나지 아니합니다. 꽃이 아름다우니까 아름답다고 하는 것이 표현이 아니냐고 우길 수는 있습니다. 하지만 여기서 말하고자 하는 뜻은 보다 가치 있는 말귀로 꽃을 새롭게 보고자 하는 데 있습니다.

가령 사랑스런 여인의 입에서 피는 말소리라며 꽃의 아름다움을 나타낸다면 그나마 표현의 몫에 근접하는 길이 되겠습니다. 꽃의 아름다움을 보다 더 절실하게 나타내고자 수필가는 노력합니다. 표현의 길을 찾아 나서는 것이 수필가의 책무입니다.

이쯤에서 T. S 엘리엇의 '객관적상관물'이란 말이 생각납니다. 앞에서 말한 '여인의 입에서 피는 말소리'같다는 언표가 꽃의 아름다움을 나타내는 표현의 길, 즉 객관적상관물이 되겠습니다. 아름답다는 말을 들추지 않아도 꽃이 어떻게 아름답다는 것을 다소나마 구체적으로 알 수 있습니다.

맛있는 과일을 먹었다고 하면 먹은 것에 대한 설명에 지나지 아니합니다. 먹을 때의 미각과 그 분위기를 보여줄 때 표현의 몫이 됩니다. 함으로 표현의 몫을 찾아보고자 수필을 읽는다고 말할 수 있습니다. 그것은 새로운 언어의 세계와 만나는 기쁨이기 때문입니다.

새로운 표현은 새로운 감동이며 새로운 보석입니다. 수필가는 표현이라는 보석을 찾아 고심합니다. 독자는 표현에 나타난 보석을 차지하고자 수필을 읽습니다.

3.

강둑을 한 바퀴 걸었습니다. 바람이 아래쪽에서 위쪽으로 강물을 밀어올리고 있었습니다. 그것은 강의 비늘을 칼질하는 바람의 손놀림이었습니다. 비늘을 빼앗기지 않으려고 강은 파닥거리며 저항하는 눈치였습니다.

등지느러미가 잘리고 꼬리지느러미가 잘린 강은 강둑 안에서 새로운 변신을 꿈꿀 것입니다. 그것은 강의 새로운 세계 구축일 것입니다.

가령 수필의 몸을 칼질하여 수필의 비늘을 벗긴다면 수필 또한 몸을 파닥거리다가 또 다른 진화에의 꿈을 꿀 것입니다. 등지느러미가 잘리고 꼬리지느러미가 잘린 수필의 몰골을 생각한다는 것은 아픈 일이지만 새로운 수필을 위한 틈새일 것입니다.

틈새는 수필의 됨됨이를 살피고 다른 각도를 노리는 기회를 갖습니다. 기회포착이 수필의 길이 됩니다. 살아남아야 할 수필을 위하여 수필가는 눈을 뜹니다. 머리를 식힐 겸 강둑을 한 바퀴 걷듯이 수필의 주위를 돌보며 살핍니다.

수필은 수필가를 있게 하는 든든한 대들보입니다. 수필가는 대들보를 쓰다듬어 수필을 새롭게 뒷바라지하는 지킴이입니다. 공생공존관계입니다. 어느 한쪽을 더 위하고 덜 위하고가 아닙니다. 서로 위하는 힘이 수필을 더욱 귀하게 하고 수필가를 더욱 문학예술가로 돋보이게 합니다. 그 바탕에는 수필을 위한 끈질긴 반란의 힘이 기대됩니다. 수필가는 수필에 반항하는 말썽꾸러기여야 합니다. 점잔을 빼고 수필에 고분고분할 때 수필은 천편일률의 덫에 걸려 신음하게 됩니다. 보다 서슬이 퍼런 칼날을 휘둘러 신음하는 수필에 극약처방이라도 서슴없이 써야 합니다.

세계를 새롭게 진단하고 새롭게 열어가는 어기찬 세계개척자가 곧 수필가입니다. 작품은 그 결과물입니다. 수필가의 욕구 욕망을 성취시키기 위한 매체가 산문문학이라는 수필이기 때문입니다. 수필장르가 가령 사라진다고 하더라도 또 다른 수필장르가 자연발생적으로 태어날 것입니다. 그런 끈질긴 관계가 수필과 수필가에게 호신용 부적처럼 따라다닙니다.

떠벌릴 것도 없이 수필은 살아 꿈틀거리는 생명입니다. 생명을 존중하고 사랑하듯이 수필 또한 깊은 사랑의 대상입니다. 사랑받고 사랑하기 위하여 수필과 수필가는 태어났습니다. 문학의 중심에 든든한 자리를 깔고 함께 생각하고 느끼고자 수필은 태어났습니다. 그 자리를 위하여 함께 잔을 높이 들 일입니다.

건배!

형식과 형태

1.

수필은 형식에 구애됨이 없는 자유로운 문학이라는 언술이 자칫 수필의 문학성을 얕잡아 보게 하는 길이 되지 않을까 싶습니다. 하지만 문학으로서의 위상을 갖고자 할 경우 형식에 구애됨이 없는 수필은 생각할 수 없습니다.

가령 수필이 자유분방한 토의문학이라면 능히 있을 수 있는 언술입니다. 하지만 주술관계를 생각하고 그에 따르는 주제 및 분위기와 얼개를 염두에 두는 수필이라면 무턱대고 써 나갈 수만은 없습니다. 심경의 유로라는 말이 달콤합니다만 때로는 체증을 앓고 때로는 옆길에 걸려 글의 방향이 처음의 의도와는 달리 구절양장이란 아픔도 겪게 됩니다.

형식에 구애 받지 않는다는 언술은 형식을 자유자재로 운용할 수 있는 고도의 지성적知性的이며 감성적感性的경지를 말합니다. 누구나 경험하다시피 수필 또한 여느 문학과 마찬가지로 갈고 닦는 지성과 감성으로 무장하는 고된 수련을 겪는 사이 점차적으로 익어가는 문학세계입니다. 처음부터 완숙한 수필이란 없습니다. 함으로 수필에서 형식에 구애 받지 않는다는 언술은 이제 접어두는 것이 좋을 듯합니다.

그러면 무엇이 형식이며 형태이기에 이런 구차스런 언급을 하느냐를 해명하고자 합니다. 그것이 이 글의 순서일 것입니다.

산문시대란 말은 수필가에게 어떤 도움이나 이질감도 주지 아니합니다. 산문이란 수필을 위한 한갓 도구나 형태의 구실을 할 따름, 형식은 아니기 때문입니다.

수필에서 말하는 형태란 수필을 감싸고 있는 포장물입니다. 즉 산문이라는 문장으로 얽어맨 수필을 위한 틀[hardware]을 의미합니다. 그 틀 속에 담겨 틀을 뜯어보게 하는 궁금한 갖은 내용물이 형식[software]입니다. 다시 말하면 눈에 보이는 형태는 눈에 보이지 않는 형식을 감싸는 상자입니다.

산문형태로 포장된 수필은 구조상 또 다른 형태를 갖습니다. 문단이란 것이 그것입니다. 문단은 이를테면 전체 주제 속에 들어있는 작은 주제들의 덩어리입니다. 그 작은 주제인 문단이란 덩어리가 다음 문단인 덩어리와 끈질기게 밀고 당기는 사이 큰 중심사상이라는 테두리를 빚어냅니다. 누에가 비단을 낳듯 처음의 소재가 수필로 형상화되는 탄생 과정입니다. 형태는 문단가름의 의미와 묘에서 수필의 시각적인 미에도 그럴싸한 도움이 된다고 보겠습니다.

산봉우리를 가령 형태라면 봉우리와 봉우리가 껴안은 공간[형식]을 짚어볼 수도 있습니다. 그 깊이가 넓고 깊을수록 메아리는 웅숭깊게 울릴 것이고 마르지 않는 계곡의 수량으로 푸른 기운이 넘칠 것입니다. 그러나 봉우리와 봉우리 사이의 거리가 너무 좁거나 멀어도 메아리의 울림은 그다지 효과를 내지 못합니다. 형태와 형식의 묘한 어울림을 그렇게 말할 수 있을 것입니다.

수필은 여백餘白의 문학입니다. 그것은 문단[봉우리]과 문단[봉우리] 사이의 빈 공간에서 밀고 당기는 팽팽하게 겨루는 힘을 말합니다. 과녁에 화살이 꽂힐 때의 힘은 가장 깊은 울림을 낳습니다. 울림 속에는 전율이 있습니다. 형태는 눈에 보이지 않는 그 전율[형식]을 감싸고 쓰다듬고자 합니다.

항아리는 그 속이 비어 있을 때 비로소 울리는 소리를 합니다. 수필의 여백은 그 비어 있는 항아리 내부입니다.

2.

수필의 형식으로 꼽을 수 있는 것은 글의 배경, 관조, 사색, 상상 등을 통섭하는 비유, 상징, 이미지, 등을 들 수 있겠습니다. 함으로 형식에 구애됨이 없이 쓴다고 할 때 위의 모든 것을 아우르는 능숙한 경지를 말한다고 보아 무방하겠습니다.

흔히들 입에 담는 허구는 수필의 형식에 들지 못합니다. 수필의 문학성을 돕고자 허구를 허용한다면 그것은 수필의 한계를 벗어난 처사에 지나지 아니합니다. 그것은 탈脫수필도 아닙니다. 탈 수필이란 수필의 바탕을 그대로 지니면서 새롭고 기발한 수필로 지향하려는 움직임을 말합니다. 수필의 문학성이라는 구차스런 언술은 수필의 형식에 골고루 간이 박혀 있습니다.

이미 언급한 바와 같이 수필에는 상상이란 형식이 있습니다. 과거에 있었던 기억의 보를 풀어 새로운 상상의 퀼트로 재구성하려는 의도가 수필의 창작과정에 힘이 됩니다. 과거에 이미 지나갔거나 미처 감지하지 못하는 순간에 전광석화처럼 스쳐간 미세한 기억조차 사색이란 드레로 길어 올리는 기억회복을 재생작업이라고 흔히 말합니다. 재생시킨 것을 다시 낯선 형태와 형식으로 뜸 들이는 창조적 작업에 의하여 한 편의 수필은 더욱 알차게 익을 것입니다.

있는 것을 있는 그대로 받아들일 때 그것은 한갓 붕어빵에 지나지 않는 복사행위나 다름없는 일입니다. 꽃을 꽃 그대로 드러낼 때 그것은 꽃이란 물상을 그대로 보여주는 안이한 태도입니다. 세계가 갖는 외면과 내면의 미세하고 보이지 않는 부분까지 찾아내어 세계의 새로운 감각을 보여주고자 수필가는 노력합니다.

다시 말하지만 허구는 왜 수용할 수 없는가에 대한 의문은 아직 어중간하게 남아 있습니다. 아쉬운 일이지만 그것은 수필이 갖는 피할 수 없는 숙명입니다. 시조의 경우 종장 첫 구는 3, 다음 구는 5 이상의 음수를 지켜야 한다는 것이나 다름없는 숙명입니다.

수필의 손금에는 진솔, 품격, 선비정신 따위 고전적인 담론이 끼어들기도 합니다. 수필이 갖는 숙명을 수용하며 수필의 결을 표현문학으로 참신하게 모색하려는 십자가를 짊어진 고행자가 곧 수필가입니다. 수필은 조작이 아닙니다. 세계를 새롭게 느끼고 듣고 보는 수필 속에는 치열한 수필가의 정신이 있습니다. 이걸 저버리고 허구 운운하면서 꿰맞춘 수필은 꾀부리기 수필, 독자의 구미만을 생각하는 수필이라는 허우대에 지나지 아니합니다.

기억 속에는 무수한 사색의 줄기세포가 눈에 띄지 않는 전자파처럼 종횡무진으로 깔려 있습니다. 가령 실내공간에 깔린 거미줄 같은 수천 수만 갈래의 헤아릴 수 없는 전자파 [inspiration이라고 말할 수 있음] 또한 이를 감지하는 자의 몫입니다. 가령 휴대폰을 켜놓았을 때 지나가던 전자파의 어느 파동은 어느 휴대폰과 마주쳐 다정한 합궁을 합니다. 이른바 코드가 맞는 것입니다. 눈치 빠른 전자파는 사람들의 두뇌를 통과하거나 두뇌 속에 둥지를 틀고 들앉습니다. 그 일순은 몹시 짧은 여운이기도 하지만 긴 여운이기도 합니다. 하기에 미처 감지하지도 못하는 사이에 전자파는 기억의 회로 속에서 사라지기도 합니다. 재생적 상상은 그 기억을 끌어내는 민첩한 수단과 기능을 다합니다.

상상은 이를 재생시키는 기능만으로 그 일을 다 하는 것은 아닙니다. 새로운 상상으로 유도될 때 기억은 그제야 창작에 값하는 창조적 상상이란 몫을 합니다. 수필의 줄기와 가지는 비로소 안전한 기지개를 켭니다.

3.

수필은 산문으로 직조되기 때문에 흔히 산문정신으로 쓴다는 말을 하기 쉽습니다. 그러나 산문정신으로 쓴다면 형태[hardware]에 의한 형태주의를 지향하는 수필쓰기란 언급이 되기 쉽습니다. 산문과 수필이 어떻게 다른가를 구분한다면 수필정신으로 쓰는 것이 수필의 길입니다. 시에 시정신이 있듯 수필에는 수필정신이 있습니다. 그것은 형식과 형태를 아우르는 절묘한 수법의 길입니다.

수필에 관한 담론은 다양할수록 수필문학을 향상 발전시키는 힘이 됩니다. 어느 한 이론에만 치우칠 수 없는 것이 문학에로 지향하는 수필정신이며 수필이론입니다. 수필은 이래야 하고 저래서는 아니 된다는 논의에 대해서는 다시 생각할 여지가 있습니다.

이론이 있고 수필이 있는 것은 아닙니다. 이론에 앞서 수필이 있었습니다. 수필가는 이론가를 부려먹어야 합니다. 하기에 이론을 앞서는 수필쓰기에 힘써야 할 것입니다.

길을 가는 사람의 발길에 차인 돌멩이는 어리둥절합니다. 사람에 따돌리고 비바람에 망가지던 돌멩이입니다. 함으로 돌멩이의 아픔이 내 아픔이라는 것을 수필가는 파악합니다. 모든 사물이 갖는 정신은 수필가의 정신으로 못이 박힙니다.

그런데 어떤 수필은 지나치게 주변의 들으나마나한 일상적인 진부한 이야기로 풀어내고자 합니다. 수필의 바탕이 관조에 있듯 사물을 보다 깊이 관찰하고 거기서 나름대로의 새로운 세계를 재창조하려는 것이 수필을 하는 보람이라는 것을 인식해야 합니다. 수필가는 모름지기 세계와의 대화에 보다 깊은 관심을 가져보는 것이 유익합니다. 그런 의미에서 수필이 갖는 문제점을 가령 끌어낸다면 대충 다음과 같습니다.

① 추억에 매달려 회고조로만 만족하는 경우.
② 사적인 이야기를 즐기며 사회성과 시대정신을 등한시하는 경우.
③ 단순한 풍경스케치로 엮어내는 경우.
④ 표현보다는 요설적인 설명으로 끌어나가는 경우.
⑤ 사건중심으로 기술하는 소재주의자인 경우.
⑥ 내용을 직선으로만 기술하여 복합미를 생각하지 않는

경우.

⑦ 새로운 도전정신이 희박한 안전주의자인 경우.

수필도 부단하게 미래지향형이라야 합니다. 수필만이 한 자리에 안주할 수는 없습니다. 그런데 과단성을 마다하고 담담한 안전주의로만 처신하려는 경향에 젖어 과단성이랄까 그런 점을 볼 수 없습니다. 보신책에 머리를 쓰는 나약한 선비 같은 김빠진 수필정신이 웃자라고 있습니다. 담담하고 나긋나긋한 선율만이 수필의 주류라고 여기는 일방적인 설득을 다시 생각해 보아야 합니다.

이는 수필가 개개인의 문제만은 아닙니다. 개성이 희박한 너도 나도식 수필잡지가 우후죽순처럼 범람합니다. 그러나 보다 더 과감하고 순수한 수필정신으로 무장된 수필지는 수필문학을 성장시키는 아름다운 동력이 됩니다. 그런데 어떤 경우는 수필가 위에 군림하고자 합니다. 모든 권력은 국민으로부터 나온다고 헌법은 말합니다. 이 말을 슬쩍 베껴먹는다면 수필잡지는 모든 수필가로부터 나옵니다. 그리고 수필가에 의하여 성장합니다. 달면 끌어들이고 쓰면 배척하는 일은 없어야 수필지가 살고 수필가 또한 삽니다. 독자를 문학의 세계 속으로 끌어들이는 힘이 보이는 수필지일 때 시쳇말로 장사가 됩니다.

4.

소설은 그 분량 때문이기도 하겠지만 재미가 큰 몫을 차지합니다. 재미없으면 그 많은 분량은 좀체 소화되지 아니합니다. 수필 또한 재미를 마다할 수는 물론 없습니다. 하지만 수필에서의 재미란 세계를 참신하게 보고 읽을 수 있는 재미라야 참다운 재미라고 하겠습니다. 하기에 수필은 정신의 밑바닥에서 솟아오르는 감동에 더 큰 비중을 두는 것이 수필의 육질이지 싶습니다.

한 편의 수필을 읽은 뒤에 갖는 보람은 뿌듯함입니다. 세계를 새롭게 보고 느끼는 기쁨이 곧 수필읽기의 길입니다. 그 기쁨을 찾아 수필의 가슴을 풀어헤칩니다. 가슴 저 깊은 바닥에 감추고 쉽게 표정을 드러내지 않는 기쁨의 마그마를 찾아 독자는 수필의 심마니가 됩니다. 심보았다고 외치는 소리가 심금을 울리고 나올 때 비로소 수필을 읽은 참된 보람을 갖게 됩니다. 하기에 수필읽기는 눈을 통한 머리와 가슴을 집중시키는 끈질기고 아름다운 작업입니다.

그렇다고 수필을 읽기 위해서 정색할 필요는 조금도 없습니다. 가장 자연스런 수필읽기에서 가장 자연스런 기쁨이 솟아오릅니다. 세계를 요렇게도 보고 들을 수 있었구나 하는 감탄이 터집니다. 그 길을 찾아 예리한 독자는 수필의 행간에 머리카락 보일라 꼭꼭 숨어 있던 것을 콕 찍어냅니다. 그것이 기쁨입니다.

슈클로프스키 일당이 설파했다는 낯설게 보기의 이론이라는 것도 새로운 인식이니 형상화니 하는 이론과 크게 다른 점이 없어 보입니다. 기왕의 이론을 굳이 낯설게 보기라고 말바꾸기를 하는 까닭은 한번 돌려치기를 해보자는 의도로 보면 어떨까 싶습니다. 이는 기발한 발상으로 문학이론을 향상시키고자 하는 치열한 이론정신으로 보아도 무방할 것입니다. 수필도 그런 정신이 함께할 때 보다 참신하고 진취적인 작품세계로 지향할 수 있습니다.

수필은 새로운 형태 속에 새로운 형태미의 구축을 바랍니다, 새로운 형식 속에 새로운 뇌세포, 새롭고 참신한 지성과 감성으로 세계를 더욱 확대심화 시켜줄 수필가를 환영합니다. 오늘 현재의 문학인 수필은 무궁무진한 미래의 오늘 속에 더욱 공고한 뿌리를 내려 우리 문학에 향기로운 커다란 꽃이 될 것입니다.

그림자에 관한 에필로그

웃으면 복이 온다는 말에 홀려 복을 차지하고자 웃습니다. 웃는 얼굴에 침 뱉으랴 하는 말도 있지 않습니까. 웃음 속에는 상대편의 마음에도 편안함을 주는 그림자가 있어 보입니다.

웃음을 가령 형태로 나타낸다면 둥근 타원형을 그릴 수 있지 싶습니다. 모가 난 곳이 없는 매끄러운 형태에서 편안한 마음을 읽을 수 있겠습니다. 억지로라도 웃어야 마음이 편하고 상대에게도 좋은 인상을 준다고 합니다. 음악이나 미술처럼 웃음 요법이란 것 또한 생각할 수 있지 싶습니다.

둥글둥글 사는 세상이란 것도 실은 웃으며 사는 세상이겠습니다. 그러고 보니 언젠가 가본 바닷가의 둥글둥글한 몽돌밭 생각이 납니다. 그곳 바닷가에 깔린 아기손바닥만 한 돌은 갖고 놀기에 알맞은 아기자기한 모양새였습니다. 밀려오는 파도에 쓸리며 돌은 아이들처럼 까르르 웃고 떠들 것이란 생각을 그때 한 것 같습니다. 그것은 돌의 즐거운 웃음판이겠습니다.

웃음은 꽃으로 비유됩니다. 웃음꽃이 그것입니다. 정원에 꽃밭을 가꾸는 의도는 꽃에서 웃음을 보고 꽃에서 복을 누리고자 하는 기쁨이라고 하겠습니다. 일에 고달픈 집주인을 대신하여 꽃이 웃음으로 맞이하니 하루의 고달픔이 절로 사라질 것입니다. 정원에 꽃이 많은 집은 꽃처럼 아름다운 웃음과 그 웃음의 그림자가 번지는 웃음결로 가득할 것입니다.

웃음은 꽃이다, 이런 명제를 생각합니다. 꽃망울이 터질 때의 아늑한 폭발음을 생각합니다. 그 소리는 너무 커서 들리지 않는 소리입니다.

그러나 웃음이라고 다 복된 웃음만은 아닙니다. 날카로운 칼을 품은 야릇한 웃음도 있습니다. 상대를 비꼬는 웃음, 그것은 비非/卑웃음입니다. 웃으며 간을 빼먹는다는 속담도 있지 않습니까. 따지고 보면 무서운 웃음의 그림자입니다.

깊은 겨울 한낮이었습니다. 칼로 저미듯이 귓불을 스치는 바람을 피하여 집안에 웅크리고 있었습니다. 그때 거실 한가운데까지 찾아온 뜻밖의 손님을 보았습니다. 지난여름에는 베란다 난간에서 발을 까딱거리며 거실에는 들어올 기미도 없던 햇볕이었습니다. 그런데 햇볕은 거실을 차지하고는 한나절 동안 나갈 생각을 하지 않았습니다. 바깥바람이 매서우니까 손님도 몸을 녹일 겸 거실을 차지하는 것 같습니다. 손바닥으로 슬슬 손님의 등을 쓰다듬어 주었습니다. 그랬더니 잠결에 빙긋이 웃음을 짓는 평온한 아기 얼굴이 되는 것을 어렴풋이 볼 수 있었습니다. 거실은 한없는 고요로 포근했습니다.

거실에 찾아온 손님은 분명 포근한 표정이었습니다. 바깥 추위에 떨면서 찾아온 모처럼의 손님을 좀 더 오래 머물게 하고자 거실을 따뜻하게 데워야겠다는 생각도 했습니다. 그런데 늦은 오후가 가까워지자 슬그머니 거실 밖으로 나가기 시작했습니다. 오래 잘 쉬었다고 말하는 걸 들은 것 같습니다.

손님은 떠났으나 그가 남긴 포근한 분위기와 그림자는 그대로 거실에 남아 한동안 훈훈한 온기가 돌았습니다. 남향집이 누릴 수 있는 작은 혜택이라는 생각이 들곤 했습니다. 모처럼 따뜻함을 중심소재로 생각하는 여유도 갖게 되어 덤이란 말이 떠올랐습니다.

그것은 겨울햇볕에 대한 나름대로의 반응이었습니다. 공을 벽에 던졌을 때 다시 튕겨오는 공의 반응 같은 것 말입니다. 왜 문학을 하느냐는 질문을 받을 때 입에서 툭 튀어나오는 대답 같은 것 말입니다. 세계를 대할 때 순간적으로 떠오르는 느낌 같은 것 말입니다. 맞받아치는 대답은 상대가 던진 질문에 대한 반응입니다.

모든 세계는 나름대로 반응이라는 그림자를 갖습니다. 어릴 때 등잔불 곁에서 손바닥을 마주대고 그림자놀이를 했습니다.

벽에 나타나는 그림자를 보면서 손가락을 이리저리 움직이는 놀이는 즐거웠습니다. 형태가 있는 것이 그림자를 낳는 것은 말할 나위도 없습니다.

하지만 형태 없는 사람의 말이 낳는 그림자도 생각할 수 있습니다. 이를테면 '아' 하고 소리를 쳤을 때 사방에는 '아'라는 소리의 반응이 생깁니다. 눈에 보이지 않는 그 반응이 그림자 아니겠습니까. 조금 더 말을 바꾸면 상대와의 대화중에 진보는 어떻고 보수는 어떻고 등 소견을 펼 때 상대가 보여주는 반응이 있습니다. 그 반응이 언어에 대한 그림자입니다. 그러고 보니 바람의 그림자, 추억의 그림자 등 세상은 그림자로 가득 찬 양상을 띠게 됩니다.

길을 가다가 보는 여러 가지 기호도 그 기호를 보는 사람에게 나름대로의 그림자를 던져 줍니다. 이를테면 ↶ 같은 것입니다. 좌회전을 할 수 있다는 교통표지입니다. 하지만 그 속에는 고개 숙인 가장의 얼굴이 들어 있습니다. 좀 뜻밖이지만 그렇습니다. 살기 어려운 세상이라서 교통표지 하나에까지 이런 의미를 다는 건 지나친 생각의 옹졸한 결과인지도 모릅니다. 천변만화하는 세계입니다. 오늘 확실하게 못 박아 두었다는 굳은 약속도 어느 날 녹슬어 슬그머니 힘을 잃고 맙니다.

얼마 전에 집수리를 했다. 자식들이 자라서 하나는 출가하고 둘은 직장 따라서 나가고 없으니 필요 없는 방 하나를 없애고 거실을 넓히는 공사였다. 눈으로 보는 건 뭐든지 못하는 게 없다는 예순을 넘긴 박씨는 일꾼 한 사람씩을 데리고 다니는 그 방면의 전문가였다. 미장일을 할 땐 일꾼을 도와서 마무리를 해주고, 타일을 부칠 땐 자르고 붙이는 일을 도왔다. 그의 손은 못하는 게 없어서 전기도 수도꼭지도 다 고치고 교체했다. 나는 일하는 그의 손을 유심히 바라보았다. 손가락 뼈마디 부분이나 손바닥이나 손톱이 다 연장이었다. 후비고 조이고 당기고 젖히며 그의 손이 지나가면 일이 끝났다. 손재주를 타고난 사람이었다.

— 송연희, 「손에 대한 생각」 부분, 『뿔』 전망, 2009.

딱따구리 한 마리가 삭은 가지 꼭대기에 앉아 열심히 나무를 쪼아대고 있다. 지난여름에 지었는지 높은 나뭇가지에는 허름한 새집도 보인다. 나무에 새순이 돋아나려면 아직은 멀었나 보다. 수령이 오백여 년이 되는 이 나무는 높이가 30여m나 되고 둘레가 두 아름이나 되는 거목이다. 이 나무에 얽힌 아름다운 전설이 있다.

정조 18년(1794년) 갑인 흉년에 집집마다 굶어죽는 사람이 속출했다. 이를 보다못한 계집종이 초근목피라도 구해 주인집 식구를 구하고자 이곳까지 왔는데 허기에 차 이 물참나무 밑에 쓰러졌다. 한참 후 우박소리에 잠을 깨고 보니 온몸이 도토리로 덮여 있어 이를 주워 모아 주인네 식구를 구했고, 흉년 때마다 찾아가 보면 도토리가 많이 쌓여 있어 연명할 수 있었다. 그 후 이들은 매년 이 나무에 감사의 제사를 올려 이 나무의 덕을 칭송하였다고 하여 송덕수頌德樹라고 전해지고 있다.

계집종의 정성, 하늘의 감동, 물참나무가 베푼 사랑이 오늘따라 새롭게 느껴진다.

딱따구리가 나무 속에 있는 벌레를 찾아 잡아먹고 있다. 나무를 쪼아대는 소리가 야단스럽게 들린다. 그 소리가 북소리처럼 내 가슴에 울려온다. 먹이를 찾은 기쁨으로 환호하며 치는 북소리 같다.

— 오승휴, 「사랑의 물참나무」 부분, 『내 마음을 알거야』 수필과비평사, 2009.

송연희의 경우 일꾼인 박씨의 손이 집을 고치는 연장이라는 의미로 변환됩니다. 즉 손의 그림자는 연장으로 나타납니다. '후비고 조이고 당기고 젖히'는 손의 움직임에 따라 집의 형태가 새로운 변화를 보여줍니다.

오승휴는 물참나무가 굶주림을 구제하는 덕을 베푸는 그림자로 구성합니다. 더구나 딱따구리가 벌레를 잡기 위하여 나무를 쪼는 소리를 북소리라는 청각이미지로 이동시키는 감각을 갖습니다. 나무를 쪼는 소리의 그림자는 북소리로 들립니다. 그러니까 나무를 쪼는 소리→북소리로 청각변환을 일으킵니다. 딱따구리가 나무를 쪼는 본래의 소리는 북소리라는 소리의 그림자로 다가옵니다.

모든 형상은 나름대로의 그림자를 갖습니다. 그림자는 이 경우 일종의 메아리현상이기도 합니다. 선암사 뒷간에서 볼일을 본 다음 들리는 소리는 선암사 뒷간의 깊이를 말하는 그림자입니다. 선암사 매화꽃 향기는 매화꽃이 던지는 향기의 그림자입니다. 그림자는 메아리소리입니다. 은은한 소리의 그림자에 귀를 기울여도 좋을 것입니다. 소리의 높고 낮음과 깊고 얕음에 따라 반응을 보이는 그림자의 반응 또한 볼 수 있을 것입니다.

웅숭깊은 소리의 그림자를 찾아 수필가는 길을 나섭니다. 그 길가에 핀 패랭이꽃이며 민들레는 추억의 등불을 켜고 있습니다. 등불 곁에 앉아 봅니다. 따라온 그림자도 자리를 함께합니다. 동요 한 구절이 입술을 비집고 나옵니다. 노래는 노래의 그림자를 낳습니다.

보이는 구름은 보이지 않는 구름의 주체입니다. 들리는 소리는 들리지 않는 소리의 주체입니다. 주체 뒤에는 그림자라는 객체가 있습니다.

조그만 것이 손바닥에 안긴다. 찡한 온기가 깍지 낀 손가락 사이로 전해온다. 마음이 유달리 심란해질 때면 아우르듯 쓰다듬어보기도 하는 물건이다. 소리로 지켜온 세월을 셈하면 오십하고도 십여 년, 임자를 떠나보낸 유품이 지금은 침묵의 분신으로 내 곁에 남아 있다.

요리조리 돌려보니 사람의 심장을 닮았다. 둥그스름한 모양과 크기가 심장과 비슷하고 부드러운 나뭇결은 심장 근육의 붉은 주름을 떠올려준다. 대동맥에서 피가 온몸으로 흘러나가듯 이 양쪽에 뚫린 음관音管 구멍으로 사바세계에 청음을 베풀어낸다.

(중략)

멍 같은 자국이 까칠하게 느껴진다. 그것이 되쏘는 윤기와 광택이 청정하도록 눈부시다. 눈을 감은 채 반들거리도록 닳아버린 나무채를 들고 그것을 두드려 본다. 귀가 열린다.

똑똑. 또르르. 똑똑…….

산길이 만들어진다. 작은 암자가 세워지고, 붉은 장삼을 걸친 그분이 소리 없이 앉는다. 손에 쥐인 목탁에서 우러난 귀익은 소리가 내 몸을 감싸준다. 마음도 덩달아 가부좌를 튼다.

— 박양근, 「소리 유품」 부분, 『서 있는 자』 좋은수필사, 2009.

퀴즈문제처럼 이런 저런 힌트만 던져놓은 문장입니다. ① '소리로 지켜온 세월'에 이어 ② '사람의 심장', ③ '근육의 붉은 주름' 등은 주체인 화자의 심상에 따르는 객체임을 알 수 있습니다. 여기서 객체가 무엇임을 이 글의 종결 부분에서 '손에 쥐인 목탁'이란 구절로 밝혀줍니다.

작품의 전후좌우를 살필 때는 두 가지의 그림자 현상을 짚어 볼 수 있습니다. 그 하나는 주체인 화자와 객체인 ①과 ② 그리고 ③입니다. 또 하나는 주체인 목탁과 객체인 목탁에서 울리는 소리 이미지입니다. 작품의 구조 속에는, 그분→목탁→화자→목탁소리로 연결고리를 짓는 흐름을 짚어 볼 수 있습니다. 함으로 '그분'의 유품인 목탁은 은근한 소리그림자의 맥을 이어나가는 중층구조임을 읽을 수 있습니다.

밤길을 가는데 갑자기 그림자 두 개가 겁에 질린 듯 바짝 붙어 따라오고 있었습니다. 고개를 치켜드니 전등 두 개가 '내가는데 졈그를셰라'[정읍사], 내려다보는 중이었습니다.

세계는 어떤 점 주체와 객체의 그림자로 구성되는 것 같습니다. 그 구성과 반응을 보고자 수필가는 주체가 남기는 객체인 그림자의 깊이를 응시합니다. 그림자 속에는 주체가 미처 말하지 않는 은밀한 이야기도 있을지 모릅니다.

웃으면 복이 온다는 말을 다시 새깁니다. 웃음이 주체라면 복은 객체입니다. 수필가의 복은 그가 남기는 수필임을 다시 깨닫습니다. 수필가의 객체는 수필작품이기 때문입니다.

겨울이 가고 다시 봄이 옵니다. 왕소군王昭君의 봄을 이따금 생각합니다. 봄이 와도 봄 같지 않다는 소리도 들리는 세상입니다. 수필의 바닥에 싹트고 있을 햇살이 궁금합니다.

그것을 그림자라는 이름으로 불러봅니다.

틈새의 군말

어쩌다 시와 수필을 겸하는 처지입니다. 이른바 투잡스가 흔한 세상을 따라가느라 그런다고 편한 마음으로 말하고자 합니다.

한 가지 직업만으로는 살기 힘들어 이것저것 손을 댄 것이 두 가지 일의 임자가 되기도 합니다. 직업이란 당연히 생계를 떠받칠 수 있는 수입과 연결됩니다. 그러나 생계와는 다른 각도로 말할 수 있는 직업도 있지 않겠는가고 시인이 되었다가 수필가로 행세하는 직업인이 되었습니다. 누가 알아주든 말든 시와 수필의 냄새를 뿜어대며 문학인 행세를 하고자 엄벙대곤 합니다.

나라가 공인하는 자격증을 여러 가지 갖는 열성파, 혹은 학

구파도 있습니다. 강단에 서는 사람은 강단이 든든한 직업입니다. 하지만 다른 무엇으로 알이 꽉 찬 이름을 얻어 그 이름으로 세상에 더욱 높은 빛이 되고자 하는 제2의 직업 소유자도 더러는 있습니다.

시든 수필이든 그것은 문학이란 울타리 안에서 하나입니다. 하지만 시인들 틈에 끼어들면 시인색깔을, 수필가들 틈에서는 수필가로 잽싸게 변신하는 카멜레온 같은 요령주의자를 봅니다. 그렇다고 자아보호를 위한 처세술은 물론 아닙니다.

조각가의 눈에 띈 돌의 어떤 것은 인물상으로, 어떤 것은 동물상으로 세상에 얼굴을 내비칩니다. 돌이라고 모두 인물상으로만 태어나라는 법은 없습니다.

소재가 잡히면 그 주변을 어정대면서 시로 빚을 경우와 수필로 빚을 경우의 효과를 곰곰 따져보기도 합니다. 시로 빚은 것을 왕창 깨트려 수필로 형상화하는 경우도 있었습니다. 수필로 몰아붙인 경우도 마찬가지입니다. 그런 때는 언어를 들볶아 빼기와 더하기를 거듭합니다. 문장을 멀리 밀어놓거나 다시 끌어들이는 호들갑으로 언어의 난맥현상을 빚습니다. 다음은 질서유지를 위한 계엄령 선포입니다.

이런 점 아무래도 언어의 독재자나 다름없는 자발없는 거드름을 부립니다. 언어의 영토확장과 다양성을 노리는 비정한 계엄령에 반기를 드는 게릴라 부대가 옆구리를 찌르고 나타납니다. 한바탕 언어와의 소동이 끝나면 또 다른 분쟁과 화해를 찾아 언어의 밑바닥을 휘젓는 끝없는 노략질을 저지릅니다.

팔짱을 끼고 소재를 기다리면 문학은 오는 것이 아니었습니다. 끊임없는 러브콜로 소재를 찾아 그 속으로 과감한 무단침입이라도 꾀하여 치근대어야 비로소 소재란 것이 마음을 열어 주었습니다.

그런데 소재는 밀물처럼 오다가 썰물처럼 사라집니다. 한번 사라진 것은 다시 나타날 기미를 여간 보이지 아니합니다. 그런 때는 우두커니 밀물을 마냥 기다릴 수는 없습니다. 이번에는 썰물바닥을 파헤칠 궁리를 합니다. 이가 아니면 잇몸이라고 하지요.

지난 설밑이었습니다. 아래 위의 어금니를 각각 하나씩 뽑았습니다. 이빨과 합세한 세균이란 놈이 말썽을 부렸습니다. 무슨 단체에서도 말썽내기는 있기 마련입니다. 말썽을 위한 말썽내기는 무리에서 제거하는 것이 타당한 조치 아니겠습니까. 문장을 쓰고 있으면 문장 속에 숨어 말썽을 부리는 놈이 있습니다. 연문衍文이라고 할까요. 그걸 뽑아주면 시원한 흐름이 되는데 미처 그걸 찾아내지 못하고 애지중지 문장 속으로 머리를 디밀고 철부지처럼 마냥 좋아했습니다.

옷걸이에 걸린 옷에서 푸줏간의 걸고리에 걸린 고깃덩어리를 보는 때도 있었습니다. 옷걸이에서 옷을 내려놓고 어느 것을 입을까 궁리하는 눈에도 아니나 다를까 어느 고깃덩어리를 썰어야 하나 고심하는 푸줏간 주인 얼굴이 비쳤습니다. 바깥날이 추운 날이었습니다. 옷을 두텁게 입어야 한기에 안전할 것이라며 고기를 두툼하게 써는 칼솜씨를 보는 느낌에 찼습니다.

옷을 일종의 기름진 비계에 견주고 싶은 때도 있었습니다. 추위를 타지 않으려면 비계 같은 살덩이도 얼마큼 생각해 보아야 할 것 같습니다. 그렇다고 옷과 살코기를 한 선상에 놓고 저울질하자는 생각은 아닙니다. 그런 환각현상도 때로는 눈에 어른거려 글쓰기에 보탬이 될 수 있다는 이야기입니다.

무슨 얄궂은 노릇인지 환각현상은 일부러라도 좋아합니다. 세계를 정확하게 보되 그것이 다른 무엇과 닮아 있다는 것에 작은 흥미를 갖습니다. 그러지 않을 때 천편일률이나 다름없는 세계보기에 곧 싫증을 느낍니다. 이를테면 1+1=2가 그렇습니다. 기본을 터득한 다음은 기본 깨트리기입니다. 술꾼들의 이야기에 따르면 소주와 콜라를 혼합하면 소콜라가 된답니다. 이것 말고도 보기를 들자면 한이 없겠죠. 부부는 일심동체一心同體라며 못을 박지요. 판에 찍힌 거나 다름없는 식상한 어법을 좀 더 신선하고 새로운 어법으로 나타내고자 억지스럽지만 환각현상이란 것을 가당치도 않게 들이대고자 하는지도 모릅니다.

감성은 그 자체만으로는 올바른 감성이 되지 못합니다. 떠오른 감성을 그에 유사한 다른 무엇에로 슬쩍 업어치기 하는 재미가 새로운 감성의 길이 됩니다. 떠오른 감성만으로 무엇을 다룬다는 것은 기념사진 찍기의 단순작업에 지나지 아니합니다. 그것을 구부리고 꺾고 뒤집는 노력에 의하여 비로소 새로운 감성의 세계를 구축하는 길이 트입니다.

본래의 모양새에서 또 다른 모양새로 전환되는 과정을 흔히 진화라고 한다면 구부리기 또한 진화하는 역동성을 갖습니다. 가만히 한 자리에 엎드려 있는 것은 죽은 것이나 다름없는 것으로 취급당합니다. 죽음에 저항하는 생명본능에 따라 자연계는 시간의 흐름을 좇아 본래의 양상에서 또 다른 양상으로 변화합니다. 환경적응이라고 할까요. 물속에서 살던 것이 뭍으로 올라오면 뭍에 적응할 수 있는 생체구조로 몸이 바뀝니다.

사람도 도시에서 시골로 옮겨 앉으면 시골에 적응하느라 한동안 몸과 마음의 빛깔이 바뀝니다. 식상한 비유이지만 로마에서는 로마의 법을 따라야 한다는 말이 생각납니다.

흰 빛깔은 순수이며 검은 빛깔은 침묵이라고 말할 수 있습니다. 그러나 흰 빛깔은 탐욕스럽고 검은 빛깔은 종말이라면 어떨까 싶습니다. 흰 것은 모든 것을 다 빨아들여 카멜레온처럼 빛깔의 변환을 시도하기 때문입니다. 검은 것은 일체무一切無의 깊은 심연 속으로 세계를 몰아갈 것입니다.

어느 세계이든 관념을 고정시킬 수 없다는 나름대로의 짐작이 나옵니다. 언덕이 깎이어 집이 들어섭니다. 개펄 또한 마찬가지입니다. 집이 들어선 곳이 언덕이었고 개펄이었다는 기억은 까마득히 지워집니다. 인품이 높은 분으로 알고 있었는데 벼슬자리에 오르더니 갑자기 사람이 달라지더라는 소문도 들립니다. 높은 자리에 오르기 위해서 검은 빛깔을 흰 빛깔로 가장하고 있었다면 따분한 일입니다. 교언영색巧言令色치고 어진 사람이 드물다는 말을 다시 새겨볼 일입니다. 속 다르고 겉 다르다는 말이 생각납니다. 내유외강이니 외유내강이니 하는 말도 따지고 보면 속 다르고 겉 다른 카멜레온입니다.

말할 나위도 없이 사람은 생각하고 판단하는 능력을 갖습니다. 이런 기능이 있어 사람을 더욱 사람답게 살게 합니다. 그 길을 가고자 문학이란 올가미를 즐겨 뒤집어쓴다고 감히 말해봅니다. 좀은 거창한 이야기 같지만 그렇습니다. 그러나 거창한 구석은 어디에도 없습니다. 오히려 어리석을 만치 순진하다고 하는 것이 지당한 말이라고 하겠습니다. 왜냐고요. 문학하는 사람은 누구나 그렇지만 글자 하나, 문장 하나 두고 고심을 합니다. 그 시간에 차라리 돈벌이 궁리를 하였더라면 좀 더 물질적으로 기름진 생활을 하는 길이 되었을 것입니다. 팔자소관, 아니 운명이라고 자위합니다.

문학을 하여 크게 성공한 사람도 있습니다. 경제적으로 아무 아쉬움이 없는 좋은 문학인이 있다는 것은 문학하는 사람들의 용기와 부러움을 삽니다. 그러나 모두가 대통령이 될 수 없듯 모두가 그렇게 될 수 없다는 것은 문학세계에서의 숙명이나 비슷합니다. 하기에 내 문학은 내가 하는 방식으로 나름대로 치열하게 나아가는 일입니다. 도약정신이란 그 나아가는 정신이겠습니까.

단순한 문인화文人畵 같은 수필에 우리는 만족할 수는 없다. 수필도 끝까지 가 보는 노력이 필요할 것이다.

물론 수필은 문학의 다른 장르와는 다르다. 그만큼 수필에는 수필의 한계가 있다. 수필은 심경적心境的이며 경험적이어야 한다. 위대한 작품이 되기 위하여는 심경에 부딪치는 것이어야 한다, 그러나 그것은 억지로 짜내는 것이어서는 안될 것이요, 자연적인 유로流露여야 할 것이다. 따라서 현대적인 요청이라 할지라도 적어도 이러한 요청은 받아들여야 할 것이다.

재기才氣의 번득임, 매력적인 이미지와 정서, 이런 것이 섬광을 발산하면서 우리 일상 생활의 주변을 밝혀주는 것이어야 할 것이다. 그러기 위하여는 사색의 중요성이 강조되어야 한다, 관조적인 것은 철학적 깊이에까지 이르는 것이어야 할 것이다. 몽테뉴는 삶의 음미에서 죽음의 음미에까지 도달했다.

— 김병규, 「에스프리의 섬광」 부분, 『목탄으로 그린 인생론』 문학세계사, 1982년.

수필의 세계는 기념사진 찍기가 아님을 깨닫습니다. 세계가 안고 있는 깊은 정서를 읽어야 했습니다. 그런 점 수필가의 고뇌는 남다릅니다. 고뇌하지 않는 문학을 문학으로 다룰 수 없는 건 당연한 일입니다. 시의 경우 또한 고뇌하기는 마찬가지입니다. 언어의 재건축을 위한 언어 비틀기를 때로는 시도합니다. 가만히 있는 언어를 비틀어 언어의 유연한 의미망을 구축하고자 합니다. 수필의 경우보다 시의 경우 이 고질병은 더 심각합니다. 그래야만 마음이 다소 편합니다. 시는 쉽게 써야 한다는 말에 전적으로 동의합니다. 김소월의 「초혼」은 쉬우면서 깊은 정서와 호소력을 갖습니다. 하지만 지금은 언어 비틀기의 길에서 언어의 또 다른 재건축 결과를 보고자 은근히 바라고 있습니다.

수필집도 물론이지만 시집 또한 변화의 길이란 것을 바랍니다. 그러지 못하고 전의 창작태도를 그냥 답습하고 있는 처지가 내심 못마땅합니다. 하지만 억지로 변화를 시도할 수 없어 고민입니다. 분재를 하는 사람이 가지를 보기 좋게 하느라고 휘어잡기를 하다가 자칫 망가뜨리는 실수도 있을 것입니다. 시와 수필에 소심한 처지는 그것이 두렵습니다.

시와 수필의 경계에서 우물쭈물하는 사이 수필 같은 시, 시 같은 수필을 하는 스스로를 보곤 이래서는 죽도 밥도 될 수 없다며 혼자 뉘우치기도 합니다. 그러나 우물쭈물하는 질긴 고질병은 좀체 떠나지 아니합니다. 지금은 그걸 고민합니다. 어느 것이든 하나를 버리면 깨끗이 해결 되지 않겠느냐고 궁실거립니다. 하지만 이미 저질러놓은 일이니 끝까지 밀고 나가는 저돌적인 뚝심 외 별다른 수는 없어 보입니다. 투미한 성질머리를 버리지 못한다고 흉을 보아도 어쩔 수 없습니다.

어쩌다 세계는 텅 비어 있습니다. 비어 있는 아득한 지평에서 울리는 소리를 듣습니다. 그 소리는 추억이란 시간을 끌어옵니다. 추억은 일종의 과거에로 회귀하려는 질긴 올가미입니다. 하나의 올가미는 또 다른 올가미를 덮어씌웁니다.

시와 수필은 낡은 올가미를 걷어내고 새로운 올가미에 다시 묶이는 처절한 고통놀이 같기도 합니다. 그 놀이에 기꺼이 참여하라고 시와 수필이 다그치는지도 모릅니다.

'시는 산문이 가졌던 괴로움을 줍고 산문은 시가 품었던 뻐저림을 나눌 때가 아닌가' 요절한 문학평론가 고석규가 「시와 산문」이란 단상에서 남긴 한 구절을 옮겨 봅니다. 1958년 3월 9일자, 『부산일보』 지면의 내용입니다.

지금 이 시간에도 컴퓨터의 커서는 깜박입니다. 지금 이 시간에도 시를 생각하고 수필을 생각하라고 타이릅니다. 살아 있다는 것은 끊임없이 생각하고 깜박이는 일입니다. 시간이 가고 있는 소리와 속도가 깜박이는 커서에 보입니다.

끈을 소재로 한 아라베스크

새벽잠에서 깨어 누운 그대로 수필의 줄거리를 생각하는 때가 있습니다. 그것은 즐거운 일이기도 합니다. 어쩌다 머리에 떠오른 이미지를 기록하고자 몸을 옆으로 돌립니다.

그런데 조금 전에 떠오르던 아이디어가 금방 사라지고 없습니다. 낭패입니다. 몇 번이고 돌이켜 보는데 사라진 이미지는 용용 죽겠지 하는 시늉이나 하는지 돌아올 기미가 보이지 아니합니다. 몸을 모로 기울인 것이 탈이었나 봅니다. 물그릇을 모로 기울였을 때 물은 다 엎질러지고 말았습니다. 머리가 물그릇이란 것을 알고 있어야 하는데 그걸 미처 깨닫지 못했습니다.

두뇌구조는 보고 듣고 느낀 것을 담는 옴팍한 그릇입니다.

그 속에 수필의 소재를 담고 풀어내기도 합니다. 갓 담근 생김치가 있듯이 갓 떠오른 이미지도 들어 있습니다. 오래 삭힌 묵은지가 있듯이 오랫동안 두뇌 속에서 삭힌 낯선 이미지도 여지없이 들어 있습니다. 김치항아리 같은 두뇌입니다.

뇌는 하드웨어처럼 견고한 골조로 둘러싸여 있습니다. 소프트웨어인 온갖 생각조각은 골조 속에 잠긴 샘물입니다. 샘물은 길어내어야 새로운 생각으로 고이는 맑은 샘이 됩니다. 그것은 일종의 뇌운동이기도 합니다. 조이고 풀고, 내쉬고 들이쉬고, 고이고 퍼내고— 등 뇌의 DNA를 확 바꿔치기하는 일종의 혁신운동을 떠올려 봅니다.

가만히 있던 나뭇가지가 흔들리고 있습니다. 바람이 나뭇가지를 끌고 어디론지 가고 있습니다. 바람에도 끈이 있어 그 끈에 끌려 가만히 있고 싶어도 나무는 바람이 가는 쪽으로 끌려갑니다. 그런데 바람도 더는 끌고 갈 수 없는지 그냥 놓아줍니다. 그러면 가지는 도로 제자리로 돌아옵니다.

바람이 갖는 끈의 길이[length]란 것을 생각합니다. 길이에 관계되는 힘[power]이라는 함수관계도 있습니다. 그러면 길이와 힘에 대한 어떤 관계식이 떠오릅니다. 그걸 생각하는 것도 그다지 헛된 일은 아닐 것이라며 바람에 끌려가다 되돌아오는 나뭇가지에 눈을 줍니다. 바람은 대기[공기]의 흐름이라지요. 나뭇가지의 흔들림은 풀었다 조이는 바람의 끈에 따라 소용돌이치는 몸짓입니다. 눈에 보이지 않는 바람을 나뭇가지의 흔들림에서 읽고 봅니다.

숨을 들이쉬고 내쉴 때마다 길고 짧은 보이지 않는 공기의 끈이 코 안에서 나오고 들어가는 현상을 느낄 수 있다는 생각도 그다지 그른 말은 아닌 듯합니다. 눈에 보이지 않는 공기는 눈에 보이지 않는 끈을 달고 있습니다. 위내시경 검사를 하느라고 입을 통하여 내시경 끈을 몸 안으로 밀어 넣습니다. 그것은 위장내부를 보기 위한 끈입니다. 그러고 보니 사람은 이러저러한 끈에 매달려 산다는 말을 할 수 있을 것 같습니다.

인맥, 지맥, 학맥, 또한 여러 방면에서 작용하는 갖가지 끈입니다. 그 끈에 따라 인간관계를 맺고 풀기도 합니다. 인맥이 좋아 세상에 빛을 보는 사람이 어디 한두 사람이던가요. 잠수부가 몸에 차고 가는 끈도 있지 않습니까. 뇌의 구조물을 닮은 끈입니다. 끈은 명命줄입니다.

깨끗한 공기, 맑은 공기란 깨끗한 명줄, 맑은 명줄입니다. 무색무취 그리고 형체가 없다고 하는 공기인데 도시의 공기 빛깔은 엷은 회색을 띠고 있습니다. 그러나 숲이 우거진 산속은 나무가 가꾸어내는 순한 녹색 빛깔입니다. 사람은 회색공기 속에 살지만 숲은 녹색공기 속에서 가지를 뻗으며 자랍니다. 사람의 폐와 나무의 폐를 가령 해부하여 비교한다면 어떤 결과가 나올 것인지 궁금합니다.

삼림욕森林浴은 건강을 찾아주는 한 방편이라고 합니다. 나무와 함께 산다는 것은 나무의 건강을 사람이 흡수하자는 뜻이겠습니다. 나무는 나무만이 아닙니다. 사람의 건강을 도우는 훌륭한 도우미입니다. 나무는 사람에게 몸으로 보시布施합니다. 그런 점 나무와 사람 사이는 돕고 돕는 인과관계란 끈으로 얽혀 있습니다. 심어서 가꾸고 필요할 때 구합니다. 고로쇠나무는 몸의 상처를 아랑곳하지 않고 인간에게 수액을 공급합니다. 수액을 받아내고자 인간은 나무에 끈을 매답니다. 건강에 좋다며 고로쇠 수액을 벌컥벌컥 들이켜 본 적도 있습니다.

수필은 엉뚱한 곳에서 빛을 드러내는 당초무늬인지도 모릅니다. 그것은 고로쇠 수액을 들이켜는 몸에서 오고 자동차 바퀴가 튕긴 진흙탕 물에서 오기도 합니다.

> 자동차 바퀴가 지나간 자국에 고인 빗물, 그렇지! 그 속에서 무지개 빛깔이 아름답게 방사放射되고 있었지. 지금 생각해 보면 자동차가 흘린 가솔린의 햇볕 반사로 인한 분광分光현상이 아닌가 싶다. 볼수록 신기하기만 하던 고운 빛깔에 정신을 빼앗겨 그 앞에 혼자 쭈그리고 앉아 있던 계집애는 일곱 살이었다. 작은 웅덩이의 물은 미끈거리는 수은 같았고, 그 위에 현란한 무지갯빛이 어른대다가 금세 분홍빛으로 되어 버렸다. 마치 누군가의 요술 손에 의한 것처럼.
>
> 그 후 무지갯빛의 연분홍색은 전복껍데기 안에서도 비눗방울놀이에서도 만날 수 있었다. 비눗방울은 풍선처럼 점점 커지면서 영롱한 무지갯빛을 피워 올리다가 '퍽'하고 공중에서 소리도 없이 그만 꺼져버리는 소멸 때문에도 같은 동작을 되풀이하던 어린 날이 떠오른다. 허망하게 사라진 빛깔들이다. 올

려다본 하늘에는 비누풍선이 사라진 대신 붉은 보랏빛이 물비늘처럼 어른거렸다.

색채에 대한 경이로움으로 가슴 두근거리던 때의 그 비밀스럽고도 왠지 고통스러웠던 기억, 앞으로 펼쳐지게 될 수많은 날들의 삶이 얼마나 고달픈 것인가를 정작 알지도 못했고 예쁜 빛깔만이 그저 환희였고 늘 그럴 줄만 알았던 시절, 그 기억 저편에 어머니가 서 계신다.

— 맹난자, 「뒤늦게 찾아온 이 빛깔은」 일부, 『만목滿目의 가을』 2010, 좋은수필사.

대수롭지도 않던 것이 어느 날 수필의 끈이 되어 떠오릅니다. 이런 것으로 미루어 볼 때 일곱 살 무렵의 세계가 예순 해가 지난 다음 우연히 떠올라 수필의 단락에 자리를 잡습니다. 그것은 기억의 두레박질에 걸린 어릴 때 본 '무지개 빛깔'이 수필이라는 끈을 차고 나타나는 경이로움입니다. 세계는 사라지는 것이 아닙니다. 잠적해 있던 것이 어느 날 수필로 몸을 바꾸어 보는 사람을 수필의 빛깔로 변환시킵니다.

어릴 때는 어릴 때의 추억으로 아름답습니다. '예쁜 빛깔만이 그저 환희'였던 시절을 되짚어가면 거기 나타나는 그리움이 있습니다. '그 기억 저편에 어머니가 서 계신' 환영에 젖게 됩니다. 일곱 살 무렵의 비눗방울 추억은 어머니를 떠올리는 끈입니다.

잔디 위에 너부러지게 자리를 펴고 앉아 있는 품이 그럴싸한 토끼풀, 가늘게 돋아나 바람을 피해 서 있다가 늦여름이면 슬며시 검붉은 꽃방망이를 세우는 오이풀, 봄이다 싶으면 맨 먼저 돋아나 흰 꽃까지 피우고 새침데기처럼 앉아 있는 냉이, 흰색 노랑색 꽃을 피웠다가 흰 방망이 불끈 세워 씨앗을 날리는 민들레, 내 눈에 전혀 뜨지 않다가 느닷없이 나타나 짙은 자주색의 꽃을 올려 나의 뒤통수를 치는 제비꽃, 내린 뿌리 믿고 자신을 떳떳이 내놓았다가 내가 잡아당기면 잎자루를 끊어버리는 질경이, 북미가 고향인 개망초, 다른 풀들의 어깨 밑에 숨었다가 노란 꽃을 올리는 씀바귀, 뿌리에서 나온 잎을 모두 털어내고서야 가는 대 끝에 겨우 노란 꽃을 피우는 사데풀…. 이외에도 내가 알지 못하는 풀들이 훨씬 더 있다. 잠시만 방심해도 잔디밭 한 구석쯤은 쉽게 독차지한다. 내 눈치 하나 의식하지 않는 그들의 줄기참엔 말을 잊을 정도다. 잔디를 심은 후로 시작된 그들과의 싸움은 나의 승리처럼 보이지만 아직도 마무리되지 않은 전쟁이다.

— 강돈묵, 「잡초를 뽑으면서」 부분, 『놓아주기 연습』 2005, 수필과비평사.

지구라는 것도 하나의 커다란 두뇌입니다. 사람은 그 두뇌 속의 미세한 각각의 신경조직인 소프트웨어라고 하겠습니다. '잔디를 심은 후로 시작된 그들과의 싸움은 나의 승리처럼 보이지만 아직도 마무리되지 않은 전쟁'을 수필가는 치릅니다. 그 전쟁은 두뇌 속에서 일어나고 두뇌 속에서 해결됩니다. 잔디를 위한 잡풀과의 싸움이란 일종의 두뇌활동이며 그 실천이라는 줄다리기입니다. 줄은 끈입니다. 잔디와 수필가 사이에 자라는 잡풀은 숨바꼭질 하듯이 잔디를 애먹이고 수필가를 괴롭히는 끈질긴 근성을 갖는 끈입니다. 끈을 풀어나가는 몫이 수필가에 있습니다.

실없는 생각이지만 써머summer에 sum+mer라는 어휘구조가 떠올라 어떤 흥미를 느낍니다. 그러면 계산하는[sum] 사람[er]이라는 낱말구조가 터무니없게도 떠오릅니다. 턱없는 짓이라는 것을 모르는 바 아닙니다. 흘러간 노래에는 '봄이면 씨앗 뿌려 가을이면 행복하네'[남진]가 있음을 누구나 기억할 것입니다. 행복은 거저 오는 것이 아니지요. 행복을 찾아 노력한 자만이 누릴 수 있는 복입니다. 함으로 봄에 뿌린 씨앗이 잘 자라도록 여름내 이런저런 노동에 대한 계산[헤아림]을 놓치지 아니합니다. 거름을 주고 벌레를 잡아주고 잡초를 뽑아주고 바람에 쓰러질세라 지지대를 받칩니다. 그 결과 가을의 수확을 넉넉하게 헤아릴 수 있습니다. 농사짓는 사람이 갖는 행복의 씨앗은 봄과 가을 사이의 여름에 있습니다. 많이 계산하고 헤아리는 곳에 넉넉한 가을을 거둘 수 있습니다.

이 글을 쓰는 지금은 여름입니다. 함으로 여름이라는 시절과 끈이 닿아 있습니다. 그 끈은 봄에서 여름, 그리고 가을에 이르는 끈입니다. 천자문은 추수동장秋收冬藏이라며 가을의 풍성함을 읊습니다.

여름 풀밭에서 삶의 힘을 얻습니다. 그것은 푸른 촉수입니다. 그것은 푸른 물관입니다. 줄기풀이 뻗어나가는 더듬이가 그렇고 나무를 타고 오르는 공생공존의 풀줄기가 그렇습니다. 인간사회란 것도 풀줄기나 다름없는 푸른 생명력으로 연결된 단단한 끈의 고리입니다. 끈이 풀리면 인간관계도 풀어집니다.

기억은 나지 않으나 '놓아주기 연습'이라는 말을 어느 글에선가 읽은 적이 있습니다. 묶었던 끈을 풀어주는 일이겠지요. 하지만 그것은 놓아주는 일만은 아닙니다. 새로운 '놓아주기'라는 끈의 관계를 갖습니다. 즉 새로운 인간관계, 새로운 사물관계에의 길로 지향하는 것입니다. 호흡기로 들어오고 나가는 산소의 순환회로에 의하여 모든 생명체는 유지됩니다. 이 또한 놓아주고 끌어들이는 일이나 다름없습니다. 자판기를 치고 있는 이 순간에도 신체의 호흡은 알게 모르게 지속되고 있습니다. 그것은 너무나 당연한 일이기 때문에 느끼지 못할 뿐입니다. 그래서 일단 두뇌 속에 인지시켜 봅니다.

"나는 지금 숨을 쉰다. 고로 살아 있어 자판기로 글을 쓴다."

공기를 끌어들이고 놓아주는 일을 스스로에게 주입시켜 봅니다. 그러면 지금 호흡을 하고 있다는 생각을 새삼 하게 됩니다. 복창復唱이란 것도 그렇습니다. 상부에서 지시한 내용을 정확하게 전달 받았는지를 확인하기 위한 방법입니다. 그 복창하는 소리를 듣고 지시자는 비로소 지시사항이 제대로 이행되고 있다는 것을 알게 됩니다. 호흡기로 들락거리는 공기를 지시와 복창관계로 생각할 수도 있을 듯합니다.

변화하는 곳에는 상투적이란 말을 찾아볼 수 없습니다. 아침에 눈을 떴을 때 생각한 것은 어제 아침과는 다릅니다. 그것은 상투성에서 벗어났다고 하겠습니다. 그날이 그날 같다고 하는 투정 속에도 자세히 보면 어제와 오늘은 분명히 다릅니다. 그것을 깨닫지 못할 뿐입니다. 그것을 깨닫는 예리한 촉각과 촉수를 가진 자가 수필가입니다. 깨달은 것을 문장으로 옮길 수 있는 당연한 지혜를 수필가는 갖습니다.

끈은 낚싯줄입니다. 수필가는 수필의 바다에 낚싯대를 드리웁니다. 바다의 내부를 탐색하듯 찌를 응시합니다. 고달픈 일이지만 수필가의 아름다운 일상입니다.

랑그와 파롤의 그늘에서

언어는 수필을 문학이게 하는 도구라는 말은 이미 상식입니다. 언어를 새롭게 갈고 닦을 때 수필은 표현문학으로서의 보람을 갖습니다. 말할 나위도 없이 모든 예술은 새로운 표현의 빛깔을 띠고자 새로운 언어를 찾아내기에 골몰합니다. 그 길에 놀라움과 낯설음이 안개처럼 깔려 있습니다.

소쉬르 (Ferdinald de Saussure)는 랑그 (langue)와 파롤 (parole)이란 이론 아래 언어를 보다 구조적으로 분석 이해하려는 업적을 세웁니다. 언어의 자동화현상에 따른 본질적이며 추상적인 언어를 랑그, 개인이 구축하는 비본질적이며 구체적인 언어를 파롤이라고 뜻매김을 합니다.

예를 들면 '달'은 어디에서나 누구에게나 공통되는 가변성이 전혀 없는 사회적인 약속으로 고정된 달이라는 물상입니다. 하지만 달을 보고 '추억에 젖은 거울'이라고 한다고 칩시다. 이것은 달을 보다 구체적으로 보는 개인적인 언어구축인 달입니다. 전자를 랑그, 후자를 파롤이라는 정의로 풀이합니다.

수필을 두고 이런저런 말을 합니다. R. M. 알베레스 또한 수필은 정서적 신비적 이미지의 문학이라는 말을 남깁니다. 이를 다시 음미하면 랑그와 파롤에 기대어 말할 수 있을 것도 같습니다. 굳이 그렇게 구조적으로만 매길 수 없으나 수필은 랑그와 파롤이 결집하여 직조된 문학이라는 뜻으로 이해해도 무방할 것이란 생각입니다. 다시 말하면 수필의 줄거리 즉 뼈대를 구성하는 부분을 랑그, 뼈대에 표현이라는 겉치레를 한 옷을 파롤이라는 의미로 새겨볼 수 있지 싶습니다. 이렇게 풀어 보는 일도 수필을 하는 길목에 나름대로의 새로운 의미구축에 힘이 될 것입니다. 수필은 때로 어처구니없고 터무니없는 발상에서 문학으로서의 진정성이 은근히 나타날 수 있다고 보기 때문입니다.

수필 또한 이런저런 두뇌회전을 요구합니다. 그다지 깊이도 쓸모도 없는 넋두리를 길게 늘어놓을 경우 독자는 쉽게 돌아섭니다. 한 권의 지루한 수필집은 다른 열 권의 수필집에 지루하다는 선입견을 심어주는 자못 심각한 오류를 범합니다. 그게 그 이야기에 지나지 않는 하품거리라는 핀잔을 듣게 됩니다. 어제 한 이야기를 오늘 다시 되풀이 하는 폐단은 수필에서 용납되지 못할 것입니다.

수필은 함축성이란 파롤을 요구하는 것은 당연한 일입니다. 개념을 구체적으로 표현하기 위한 관조 및 사색이라는 심도 깊은 탐구 또한 세계를 보고 느끼는 정신능력에 의한 결과물이기 마련입니다. 그것은 세계가 갖는 대상 속으로 파고들어가 세계가 품고 있는 의도가 무엇인가를 꿰뚫어내고자 하는 도저한 정신의 소유자가 수필가입니다.

수필의 진정성은 언제나 참신하고자 합니다. 그 결과 랑그와 파롤을 통하여 세계를 새롭게 보고 나타내고자 하는 부단한 욕망을 갖습니다. 그것은 세계에 대한 새로운 세계구축이며 탐구입니다. 이 작업에 동참하고자 수필가는 수필이라는 형식과 형태로 문학의 대열에 서슴없이 끼어들어 당당한 위상을 갖습니다.

거듭되는 말이지만 수필은 세계를 새롭게 열고자 하는 탈바꾸기의 문학입니다. 세계를 있는 그대로 보고 느끼고 생각하는 것은 세계에 대한 복사행위이지 새로운 창출은 아닙니다. 아침에 본 나뭇잎과 저녁에 본 나뭇잎은 그것이 설사 같은 나뭇잎이라도 같은 모양 같은 빛깔이라고 하기 어렵습니다. 나뭇잎을 스쳐간 시간과 바람 그리고 햇빛에 의하여 이미 다른 나뭇잎으로 탈바꿈하고 있습니다. 수필은 그 변화를 읽고 깨닫는 깊은 예지를 갖습니다.

그 힘은 주어진 랑그를 다루되 보다 심도 있는 파롤로 놀라움과 낯설음의 세계에로 지향하고자 하는 데 있습니다. 하기에 수필가는 이미 주어진 랑그 안에서 가용할 수 있는 모든 파롤을 찾아 활용합니다. 장식적 언어가 아닌 수필의 형식을 깊이 있게 도울 수 있는 길을 모색하는 정신능력을 끌어냅니다.

인간사회가 그러하듯 수필독자 또한 몇 갈래의 독서층이 있습니다.

① 쉽고 재미있는 세상이야기를 즐기는 독자가 있습니다.

② 삶의 여러 측면을 읽고 그것을 하나의 참고로 삼으려는 독자가 있습니다.

③ 세계가 갖는 새로운 가치를 찾으려는 독자도 있습니다.

얼핏 보기에 ①은 가벼운 읽을거리, 심심풀이로 읽는 태도인가 하면 ②는 생활수기에 그칠 수 있는 일상정보에서 무엇인가를 구하고자 하는 독자층이라고 거칠게 다루어 봅니다. 그러나 ③에 이르면 문제는 조금 심각합니다. 세계의 양상을 남다르게 보고 느끼며 그 새로움에까지 깊이 파고들고자 합니다. 수필은 모든 기법을 다 동원하되 수필 고유의 패러다임을 가져야 참된 수필의 몫이며 그걸 배양하는 것이 진정한 수필의 길이라고 여기는 독자 등으로 자연스럽게 형성된다고 하겠습니다. 하지만 어느 항목이든 감동이란 파동을 절감할 수 있고 새로운 세계창출에 기여한다면 그 수필은 나름대로 문학으로서의 몫을 한다고 보겠습니다.

중요한 것은 수필에서 일상적이며 상식적인 언술은 독자가 먼저 기피한다는 점입니다. 수필가 이전에 독자는 훌륭한 수필 독자이기 때문입니다. 그런데 병폐는 수필가의 정신이 독자의 입맛에만 초점을 맞추고자 하는 소아병적 태도에 심각한 문제가 있습니다. 읽히지 않으면 어쩌나 하고 염려를 합니다. 따분한 생각입니다. 독자는 수필이 문학으로서의 값어치를 하는 수필을 찾는 혜안을 수필가보다 먼저 갖습니다. 하기에 읽히지 않으면 어쩌나 하는 염려에 앞서 새로운 세계에 값하는 수필인가 아닌가에 고개를 기웃거려야 합니다. 그런 나름대로의 노력이 있을 때 독자는 절로 수필에 자리를 잡고 앉게 됩니다.

그럼 왜 하필이면 문학인가, 대답은 뻔합니다. 문학 속에는 세계를 새롭고 신선하게 보는 눈이 있습니다. 그것은 사색의 참다운 면목을 의미합니다. 비슷한 것은 진부합니다.

세계는 그 외면과 내면을 그냥 그대로 보여줍니다. 그것을 어떻게 풀어내느냐 하는 것은 수필가의 몫이지 세계의 몫은 전혀 아닙니다. 그런데 불행하게도 수필가의 수필작법은 '재미있게, 편안하게, 담담하게'라는 교과서적 낡은 가르침에 얽매어 있습니다. 하기에 새로운 인식이라곤 볼 수 없는 기름칠을 한 것 같은 반질거리는 겉보기만으로 포장된 수필이 입맛에 판을 칩니다. 천편일률이라면 어떨까요. 수필가의 일상은 기본이론을 터득한 다음에는 새 이론을 구축하여 그것을 실천하는 것이 일종의 책무입니다.

수필은 재미있어야 읽힌다는 주류세력이 중심을 잡습니다.

말이야 백 번도 옳은 일입니다. 드라마도 재미있어야 보고 야구 경기 또한 재미있어야 봅니다. 그러나 수필에 무작정 재미라는 조미료를 칠 경우 수필은 재미제일주의 같은 코미디가 되는 것은 당연합니다. 고뇌하지 말고 편안하게 쓰고 편안하게 읽히도록 하자는 풍조가 수필을 가벼운 읽을거리로 밀어나갈 것입니다.

하지만 진정한 재미를 위한 길을 모색하고자 하는 고뇌는 피할 수 없는 수필가의 몫입니다. 그렇다고 정색하고 엄숙할 일은 아닙니다. 해학에도 정수리를 콕 찌르는 전광석화 같은 엄숙함이 있을 때, 새롭게 세상을 보는 시각이 비칠 때 비로소 해학다운 해학의 몫이 됩니다. 그것은 읽히는 수필임과 동시에 수필의 명맥으로 자리 잡기에 충분합니다. 그냥 웃기고 보자는 식은 삼류코미디에서나 볼 수 있는 서글픈 풍경입니다.

시정에 떠도는 우스개 이야기라는 것도 처음 들을 때 웃음을 터뜨리게 됩니다. 하지만 같은 이야기가 두 번 세 번 되풀이 될 때는 식상한 생각에 삭신이 틀립니다. 귀는 보다 새로운 것을 들으려 하는데 입이 그걸 눈치 채지 못하고 한결 같은 이야기로 귀의 비위나 맞추려 한다면 귀는 피곤할 것입니다. 이 글 또한 식상한 것에 지나지 아니합니다. 하기에 독자는 귀를 막으려 합니다. 서글픈 고집이지만 두 번 세 번 되풀이 들어야 하는 유행가도 있지 않느냐 하면서 미련스럽게 글을 풀어나갑니다.

수필은 단순한 재미를 추구하는 문학이 아닌 기쁨을 추구하고자 하는 문학임은 수필이론이 먼저 말하고 있습니다. 그것은 세상풍상을 이모저모 겪은, 지성과 감성을 쌓은 사람에게서 참다운 수필이 나온다는 말에서 능히 짐작할 수 있습니다.

기쁨[悅]은 뜨거운 마음[忄]의 밑바닥에서 피는 꽃입니다. 그러므로 정신적인 측면이 월등한 문학입니다. 이에 견주어 재미는 육체적인 측면이라고 볼 수 있습니다. 기쁨을 가령 강물을 밀고나가는 도도한 힘이라면 재미는 강물에 뜨는 찰랑거리는 물결에 비유할 수 있겠습니다. 함으로 수필의 진정성은 기쁨에 있지 재미에 있다고는 볼 수 없습니다.

수필의 됨됨이를 랑그와 파롤의 그늘에서 잠깐 돌아보았습니다. 이러한 서툰 몸짓이 문학에 공헌하는 수필에 작은 길이 될 수 있다면 그것으로 흡족할 따름입니다.

언어를 위한 본초강목

인간은 누구나 언어에 의하여 사회생활이 가능하고 언어발달에 따라 사회생활 또한 향상 발전이란 기틀을 갖게 됩니다. 입술 밖으로 터져 나오는 유성음만이 언어는 아닙니다. 구도자의 침묵언어 또한 절실한 언어이기 때문입니다. 손가락 끝에 불꽃처럼 튀는 수화도 있지 않습니까.

언어는 발화자의 마음에서 시작됩니다. 마음속에 움이 튼 것이 입술을 통하여 터지는 순간의 소리는 이런 저런 언어라는 의미로 해석됩니다. 하지만 입술에서 나오는 순간 언어는 허공속에서 파동을 타다가 청자聽者의 가슴속으로 사라집니다. 하기에 그것을 기록할 수단이 필요했습니다. 문자는 그 수단입니다. 말할 나위도 없이 문자란 언어를 기록 보관하는 일종의 기호입니다. 하지만 기호만으로는 발화자의 뜻을 보다 자명하게 보존할 수 없습니다. 거기 맞추어 녹음장치가 발명되어 발화자의 감정의 무늬까지를 세세하게 기록하고 보관할 수 있게 되었습니다.

언어 이전에도 물론 언어는 존재하였습니다. 원시인은 의사전달을 위하여 눈을 가리키거나, 가슴을 치기도 했을 것입니다. 귀를 가리키고 입을 가리키며 그가 어떤 상태인가를 무언극이나 다름없는 동작으로 뜻을 풀었습니다. 그것은 일종의 의태어였습니다. 무엇에 기겁하여 무의식적으로 지르는 고함소리, 감탄을 나타내는 환희의 소리를 거치면서 의성어를 생각하게 되었습니다.

그러나 그것은 자칫 일회성에 그치고 맙니다. 이에 눈뜬 것이 상형문자라는 기호로 발전합니다. 그림이거나 결승문자 같은 것으로 의사소통 수단을 삼았습니다. 그것은 오늘날의 문자에로 근접하는 표현수단의 발달과정이었습니다. 하고자 하는 말을 그림으로 나타낼 줄 알았던 고대인의 발명품입니다. 사람이 얼마나 말을 잘 하느냐 하는 문제는 얼마나 그림을 그럴싸하게 그리느냐와 같은 맥락이기도 했습니다. 함으로 인간의 모든 의사전달은 언어를 포장하는 문자로 완성됩니다. 그런 까닭으로 언어예술인 문학은 모든 예술의 중심에 문자가 있어 비로소 그 형태가 잡힙니다.

울산 반구대의 암벽화 역시 그림으로 나타낸 언어라고 볼 수 있겠습니다. 오늘은 고래 몇 마리가 나타났다. 노루 같은 짐승이 산에서 내려왔다. 누가 어디서 사냥을 한 기록을 그림이라는 문자로 남긴 것이란 짐작 또한 할 수 있습니다.

눈에 보이지 않는 음성언어를 시각이미지인 상형문자로 변환할 줄 알았던 고대인들의 발상을 반구대 암벽화에서 읽을 수 있습니다. 함으로 암벽화는 고대인의 생활사입니다. 생활을 기록할 줄 알았던 슬기입니다.

현대라고 그런 상형문자가 없는 것은 아닙니다. 안동 인근의 「삼강주막」(신서영)이란 글에서는 주모인 할머니가 글을 알지 못하여 외상 술값을 부엌 벽에 결승문자 같은 기호를 달아놓은 것이 있다고 합니다. 줄을 길게 그은 것, 짧게 그은 것이 주모가 사라진 지금도 그대로 남아 주막시절을 이야기합니다. 그것은 주막 할머니의 문자입니다.

문장이라는 것도 상형문자나 다름없는 기호의 집합체입니다. 기호를 이용하여 시인은 시를, 소설가는 이야기를, 수필가는 수필이라는 내용물을 풀어 이러저러한 결과물을 문학의 판도에 올려놓습니다.

농사를 하는 농민은 보다 새롭고 가치 있는 농작물을 수확하고자 합니다. 그 노력에 의하여 수요자는 어제보다 오늘 새로운 농작물을 시식하고 상용하기도 합니다. 농민의 집요한 연구정신은 신품종을 낳고 그에 따라 수요자의 입맛 또한 새로워집니다.

시인은 새로운 언어를 창출하고자 시에 매달립니다. 독자의 구미는 까다롭습니다. 식상한 언어로 직조된 시는 독자의 구미를 떠나게 합니다. 독자만이 아닙니다. 시인 스스로도 그가 친 언어의 감옥에서 벗어나고자 새로운 언어의 숲을 헤칩니다. 하기에 언어를 다루는 직공인 문학인은 스스로의 고통을 감내하는 수행자입니다. 스스로 만든 감옥에서 해방되고 다시 구속되기를 즐기는 되풀이 속에서 새로워지기 위한 노력은 부단하게 이어집니다. 조금이라도 느슨해질 수 없는 문학인의 삶에 유목민 같은 아득한 지평地平이 깔려 있습니다. 그런 점 때로는 절망입니다. 하지만 희망이 있음으로 절망 또한 있습니다.

그렇다고 고통만이 따르는 것은 물론 아닙니다. 새로운 언어를 찾았을 때의 희열에서 문학의 길에 들어선 오아시스와 만나게 됩니다. 그 새로운 언어는 그가 찾아낸 그만이 독점할 수 있는 전매특허를 갖는 기쁨입니다.

하지만 언어는 모든 생활인에게 활짝 열려 있습니다. 언어학자 소쉬르의 이론을 빌려온다면 이 열린 언어를 랑그라고 하겠습니다. 즉 언어의 자동화현상에 따른 본질적이며 사회적 약속인 관념어를 말하겠습니다. 하기에 '바위'는 어느 누구에게나 변함없는 약속물인 자동화현상에 따른 바위에 지나지 아니합니다. 이를 "내가 그의 얼굴에 고요한 미소를 보게 된 것은"이라고 김춘수 시인은 「바위」에서 읊고 있습니다. 말할 나위도 없이 이는 김춘수 시인이 찾아낸 파롤이란 개념인 전매특허입니다. 하기에 문학은 랑그에서 파롤을 찾아가는 길이라고 봐무방하겠습니다.

문학은 사회에 기여하는 바가 없다고 말하는 따분한 일부 계층도 있습니다. 정치 경제 등 실용적인 것만이 사회에 기여한다고 입에 침을 튀기는 거드름 피우는 인사도 부지기수인 세상입니다. 그런 계층에 의하여 정치는 오히려 혼란스럽고 경제는 사방 눈치를 살피며 지하경제로 숨어들어 사회를 질척한 늪의 구렁 속으로 빠트립니다. 그러나 문학이 사회질서를 어지럽혔다는 말은 들어본 적이 전무합니다. 오히려 언어를 새롭게 가꾸어 낡은 일상어에 새로운 생기를 불어넣는다는 말은 자주 듣게 됩니다. 우리 언어의 새로운 감성과 감각적인 슬기는 오로지 문학인에 의하여 탄생합니다.

또각또각 걸어가는 염소의 발자국소리를 여성의 하이힐 소리에 빗댄 것은 윤오영의 언어입니다. 칠흑의 어둠을 옥玉에 빗댄 것은 김병규의 언어입니다. 여자가 시집가서 김장 서른 번 담그면 할머니가 된다는 인식은 피천득의 언어입니다. 이처럼 문학은 우리 언어에 끊임없는 참신한 감각, 새로운 인식, 새로운 파롤을 제공합니다.

> 나의 본적은 늦가을 햇볕 쪼이는 마른 잎이다. 밟으면 깨어지는 소리가 난다.
>
> 나의 본적은 거대한 계곡이다.

나무 잎새다.
나의 본적은 푸른 눈을 가진 한 여인의 영원히 맑은 거울이다.
나의 본적은 차원을 넘어다니지 못하는 독수리다.
나의 본적은
몇 사람밖에 안되는 고장
겨울이 온 교회당 한 모퉁이다.
나의 본적은 인류의 짚신이고 맨발이다.

— 김종삼, 「나의 본적」, 『시인학교』, 신현실사, 60쪽.

본문 가운데 한자어는 편의상 모두 한글로 대신했습니다. 본적本籍이란 무엇임을 진술하는 파롤입니다. 일상적인 본적과 시인의 본적은 이렇게 다름을 알 수 있습니다. 본적의 의미부여를 읽을 수 있어 새로운 눈뜸이 됩니다. 독자는 저마다 스스로의 본적은 어디이며 무엇인가를 자문하게 될 것입니다. 또 다른 보기를 들어 봅니다.

수련 보러 간다//수련 보러 가면서//수련 보러 가는 것이 어제인 듯 까마득하다//왜 발은 자꾸 진흙 속으로 빠지는지//수련 보러 가는 길이 더디다//아마 수련을 보지 못할는지도 모른다//수련 보러 가면서//왜 하품은 나오는 것인지//허공에다 동그란 하품을 몇 번 그리고 나니//정말로 한 백년은 자야할 것 같다//수련 보러 간다//진흙발을 겨우겨우 떼어놓는다//이러다가는 환속하기도 쉽지가 않겠다.

— 신현정, 「수련이 피었다기에」, 『자전거 도둑』 애지 2005년, 88쪽.

진구덕 같은 세속적인 환경에서는 맑은 수련을 보기도 어렵습니다. 하기에 '수련'은 진구덕에 찬 눈으로는 볼 수 없습니다. 수련을 보기 위해서는 맑고 깨끗한 몸과 마음이라야 합니다. 그런 암시를 주는 시에서 독자는 수련보기의 파롤을 익히게 됩니다.

문학의 힘은 팔을 휘두르는 거창한 구호, 입에 침 튀기는 교훈, 이념을 위한 도구 또한 아닙니다. 아니라고 하는 그 속에 자라는 원초적인 넋을 찾아가는 기쁨과의 만남을 맛보는 일입니다. 비본질적이며 구체적인 언어에 의한 파롤이라는 참신한 언어발굴로 보다 새롭게 태어나는 웅숭깊은 향기를 찾아가는 아름다움이겠습니다.

언어는 사회의 거울이란 말은 이미 식상한 이야기입니다. 태평성대에는 부드러운 언어가 있었고 환란기에는 언어도 환란에 시달려 거칠었습니다. 꽃밭에서는 꽃처럼 나긋하고 향기로운 말이 오갑니다. 하지만 소란한 공장지대에서는 목에 푸른 핏대를 세우는 고함이 난무합니다. 음정이 다르고 음색 또한 거칩니다.

언어 또한 공생현상을 일으킵니다. 한 사람이 고함을 지르면 그 다음 사람이 덩달아 고함을 지릅니다. 뛰어가는 동물은 그 다음의 동물을 절로 뛰어가게 합니다. 왜 뛰어가는지 몰라도 뛰어갑니다. 그것은 무리에서 뒤처지지 않으려는 길임을 어렴풋이 깨닫습니다.

시대의 우여곡절을 지나면서 갈→칼, 곶→꽃이 되었습니다. 순한 말소리에서 거센 말소리에로 자연스럽게 전환됩니다. 언어는 세상 따라 물 흐르듯 변하는 것임을 실감할 수 있습니다. 사랑→싸랑으로 나타내는 것이 사랑을 보다 적극적으로 품어 안는 노릇이라고 여깁니다. 속도주의에 맞추어 줄임말 또한 언어변화에 한 몫을 하는 걸 볼 수 있습니다. 아날로그의 느림에서 디지털이란 속도시대는 선생님→샘, 반갑습니다→방가방가 등으로 언어의 속사포를 쏘아댑니다. 빠른 속도만이 삶의 전부는 아닙니다. 그런 탓으로 느리게 사는 길도 삶의 진수를 깨닫는 일이라고 빠른 것에 자물쇠를 채웁니다. 속도주의자는 목적지만 볼 뿐 과정은 전혀 보지 못합니다. 삶은 결과도 물론 의미 있지만 그 결과에 따르는 과정을 지나칠 수 없습니다.

가령 어느 인사가 세상을 요령 있게 살아 우두머리에 섭니다. 그러나 기반을 차곡차곡 쌓아 올리지 않아 우두머리의 영광은 금시 물거품처럼 사라집니다. 세상에 아첨하는 처신머리는 오래 지탱하지 못함을 그 우두머리의 생에서 읽을 수 있습니다.

좀 고상틱한 문학을 한다는 인사 가운데도 이와 흡사한 행동거지가 없다고 말할 수 없습니다. 문학을 장식품처럼 가슴에 달고 목에 걸고자 하는 인사도 어쩌다 눈에 띄는 세상입니다. 문학은 훈장도 아니고 재력은 더더구나 아닙니다. 하기에 어떤 점 서글픈 노릇입니다. 하지만 그 서글픈 것에 매달려 언어를 새롭게 돋보이게 갈고 닦는 치열한 문학정신이 살아 우리 언어가 참신하게 일어서는 길이 됩니다.

동일한 풍경은 보는 사람을 지루하게 합니다. 하기에 시는 오늘 다르고 내일 다르고자 합니다. 그 길에 디포르마시옹이라는 수법 또한 생각할 수 있습니다. 언어의 굴절현상이라고 할까요. 가만히 있는 언어를 이리 비틀고 저리 비트는 일은 언어에 대한 굴욕이기도 하겠습니다. 하지만 빼드렁니 같은 쇠뭉치는 풀무질을 하고 망치로 두들기고 담금질을 해야 새로운 쇠붙이로 태어납니다. 언어 또한 부단하게 두들기고 담금질을 하는 사이 새로운 감각에 알맞은 나긋나긋한 언어로 탄생합니다. 그대로의 언어로는 때로 말을 듣지 아니합니다.

> 그의 기차의 연기煙氣라는 그림에는
> 기차도 연기도 없다.
> 산비탈 아스름히 길이 나 있다.
> 그의 소리라는 그림에는
> 소리가 없다. 그
> 넓고 넓은 벌판을
> 한 무더기 억새가 흔들어댄다.
> 바람 때문이라고 한다.
> 바람은 아무데도 보이지 않는데
> 바람 때문이라고 한다.
>
> — 김춘수, 「뭉크의 두 폭의 그림」, 『김춘수시전집』 현대문학, 2004년, 1037쪽.

시인은 시에 의하여 비로소 언어의 감옥에서 해방됩니다. 그런데 그 해방도 잠깐입니다. 감옥신세가 되고자 스스로 언어의 높은 벽 속에 몸을 가둡니다. 해방과 구속은 어쩔 수 없는 시인의 숙명입니다. 그것은 "바람 때문이라고" 넋두리를 풀어냅니다. 넋두리는 때로 암묵의 언어입니다. 암묵은 다시 언어기호에 의하여 「뭉크의 두 폭의 그림」이라는 가시적인 형태로 나타납니다. 시인은 또 다른 길을 찾아 고뇌합니다. 그런 점 시인은 언어와 끝없는 놀이에 몰두하는 순진무구한 정신주의자입니다. 「바보산수」를 그린 운보 김기창 화백이 무뜩 떠오릅니다.

어저껜 산길에서 모처럼 뻐꾸기 울음소리를 들었습니다.

또 다른 군말

수필가는 누구나 그가 쓰는 작품이 새로워지고자 노력합니다. 어제는 이미 한물간 구닥다리입니다. 때 묻어 사라지는 시간입니다. 하기에 늘 신선하고 기발한 착상으로 세계의 바닥을 긁어 수필의 그릇에 채우고자 합니다. 그 길이 참신함을 위한 수필가의 정신이겠습니다.

새로움을 찾는 일은 곧 미지의 세계로 지향하는 개척정신입니다. 수필의 영토는 낯설고 험준한 고비로 아득합니다. 그걸 개척하자면 한곳에 머물러 안주할 수는 없습니다. 초원에서 새로운 초원으로 이동하는 유목민처럼 끊임없는 유랑의 길에 나서야 합니다. 안주할 수는 없습니다. 수필가의 정신세계는 보다 광활하고 넉넉한 사색의 끝없는 광야로 뻗어 있기 때문입니다. 수필가는 새로운 세계를 창조하는 안목을 갖습니다.

그러기에 하기 쉬운 말로 수필가는 정신의 떠돌이팔자입니다. “죽장에 삿갓 쓰고 방랑 삼천리”(김삿갓)입니다.

“수필이란 마음의 자유분방이며 정상적이고 질서정연한 작문이 아니라 비정상적이고 미숙한 것이다.” 영국의 S. 존슨[Johnson, Samuul/1709~1784]이 갈파한 한 구절입니다.

여기서 짚고 넘어가야 할 바가 있어 보입니다.

① 마음의 자유분방이니, ② 비정상적이고 미숙한 것에 대한 약간의 언급이 필요할 것 같습니다.

①의 경우 수필은 자유자재로 쓸 수 있는 열린 심경의 문학임을 암시합니다. 바다 이야기에서 금방 산길에 관한 이야기로 옮길 수 있는 것이 수필구성임을 말합니다. 어느 것이든 각 단락마다의 주제가 유사성과 통일성을 유지하여 하나의 주제로 집합될 때는 다양한 이야기로 수필의 격을 향상시킬 수 있음을 말합니다.

②부분은 수필의 특성을 그대로 나타낸 것이라고 보겠습니다. 수필은 현학을 일삼는 문학이 아님은 자타가 다 아는 사실입니다. 시나 소설이 거들떠보지도 않은 자잘한 것을 흔히 소재로 삼아 묻혔던 세계를 발굴합니다. 그런 점 수필은 작은 것에의 관심으로 작은 것을 구제하는 인자한 손이기도 합니다. 반질거리는 화려한 채색이 아닌 잿빛과 같은 수수한 있는 듯 없는 듯 그런 빛깔을 찾아 새로운 발굴이란 빛을 띱니다. 어쩌

다 보니 그 속에는 부도 명예도 물론 끼어들지 아니합니다. 굳이 그걸 구하려 하지 아니합니다. 그런데 아무것도 없는 것 같은 그 속에 참다운 보석이 빛을 발하는 걸 볼 수 있습니다. 그런 정신의 소유자가 수필가입니다.

수필은 반듯하게 정돈된 생각의 줄거리란 것을 굳이 염두에 두지 아니합니다. 조금 전에 주절거리던 집안의 먼지 이야기에서 슬그머니 길바닥의 이야기로 옮겨 앉는 일도 있습니다. 왜 두서없이 그러느냐고 하겠지만 한곳의 이야기만 떠벌릴 경우 이야기의 옥타브와 변화라는 것을 느낄 수 없기 때문이라고 말하고 싶습니다.

어저께 먹은 점심은 하얀 쌀밥이었습니다. 그 밥에 새카만 콩을 섞는 날도 있습니다. 아니면 건강에 도움이 된다며 현미로 밥을 짓는 때도 있습니다. 먹을거리에도 변화의 재미란 것이 입맛을 돋우고 건강을 챙기는 일이란 것을 알게 됩니다.

간편한 샌드위치인들 다를 바 없을 겁니다. 오늘 먹은 샌드위치의 속은 햄이었다가 다음날은 치킨으로 입맛에 변화를 주려고 하는 것이 먹는 재미이기도 하겠습니다. 일관성이 없다고 할지 모르지만 수필의 경우 또한 일관성이 없는 데서 은근한 흥취를 유도합니다. 그 길이 수필의 통일된 주제에 살이 오르고 키가 크는 도리이지 싶습니다.

철따라 철에 맞는 입성을 챙기듯 철에 알맞은 밥을 먹는 것이 건강에 좋다고 들었습니다. 원고청탁을 받을 때도 계절감각이 뚜렷한 경우는 그 계절과 어긋남이 없는 내용을 원하더군요. 생선도 봄 도다리 가을 광어라고 하지 않습니까.

수필의 격을 찾아 첫 구절에 들어앉힌 처음의 생각을 맨 나중으로 밀어붙이는 일도 흔히 저지릅니다. 그런 점 수필가는 작품 속의 폭군이지만 눈에 띄게 혹은 전혀 눈치 채지 못하게 공작한 폭력은 작품을 죽이고 살리는 일에 나름대로의 작은 훈장감이 되기도 합니다. 근경과 원경, 왼쪽과 오른쪽의 구성을 생각하듯 수필 또한 그림이나 그다지 다름없는 구성의 묘미를 생각하게 됩니다.

워낙 어눌한 말솜씨 탓이기는 하겠지만 이야기를 끼우는 수법에 서툴러 가능하면 수필의 분위기를 간접화법으로 나타내는 쪽으로 구성하려 애를 씁니다. 이야기는 작품의 뼈대를 세우는 일이거나 작품의 줄거리를 삼는 일에만 용도변경을 하고자 합니다. 그런 점 설명과 표현이라는 관점을 자연스레 생각하게 되었습니다.

아쉬운 일이지만 수필은 그 내용이 뻔한 내용에 지나지 않는 잡기라는 지탄도 없지 아니합니다. '잡기'는 잡문이란 뜻으로 얕잡아보는 견해입니다. 그러니까 문학 주변을 맴도는 객식구라는 것이죠. 굳이 들출 일은 아니지만 수필 또한 여느 문학과 다름없이 세계를 낯설게 보고 느끼는 결과물인데 그렇습니다.

신변 이야기는 수필만이 아닙니다. 어제 본 공깃돌놀이 그림도 신변 이야기나 다름없었습니다. 그러나 아주 좋은 그림이라고 칭

찬을 듣습니다. 알고 보니 그림 속에는 그리움이든 추억이든 그런 뼈대가 사무쳐 있었나 봅니다. 그것이 그림을 새로운 세계로 이끄는 인식의 힘이 되었나 봅니다. 새로운 깨달음은 그림을 보는 눈을 보다 새롭고 감동 깊게 합니다. 그 감동이 그림을 가치 있는 예술로 추켜세우는 공로가 되었습니다. 그러고 보니 수필 또한 새로운 깨달음이 있을 때 좋은 문학으로 대접받을 것은 당연한 일이겠습니다.

말주변이 좋은 수필은 우선 보기에 매끈하고 부드럽습니다. 작품을 다 읽은 다음에 머릿 속을 차지하는 줄거리가 남습니다. 하지만 그 내용이 그 내용에 지나지 않는 결과를 빚는 경우도 있습니다. 그래서 어찌되었다는 거냐 하는 군말이 들릴 수 있습니다. 독자는 매서운 독수리입니다. 수필가의 생각과 느낌을 찾아 작품을 쪼아댑니다. 무엇을 새롭게 보고 그것을 어떤 수법으로 처리하는가를 물고 늘어집니다.

생각과 느낌은 가장 기본적인 수필의 지침인데 이를 마다하고 일상적인 이야기만의 수필로 판을 짤 경우 수필은 결국 신변잡기에 지나지 않는 글이 되기 쉽습니다. 따라서 문학의 몫을 놓치게 됩니다.

어떤 고정관념 때문에 상대방의 말을 이해하지 못하고 들으려고 하지 않을 수도 있습니다. 그런 경우 귀의 통로를 터 주어야 했습니다. 치료기를 이용하여 귀의 통로를 리모델링하는 공작을 연상해 봅니다. 고막 밖에서 고막 안으로 들어가지 못하고 어정거리는 말의 외톨이를 그때 볼 수 있을 것입니다. 어떤 말은 오래된 노숙자처럼 닿소리가 떨어져 나가고 어떤 말은 홀소리가 비뚤어져 있을지도 모릅니다. 그리고 또 있습니다. 떨어져 나간 홀소리와 닿소리의 음절이 뒤죽박죽으로 엉켜 소리의 허섭스레기가 되어 있는 경우도 더러 있을 것입니다.

말의 쓰레기를 보는 것은 따분한 일입니다. 그 속에는 수필의 길을 자칫 잘못 이해하는 생각이 들어 있을 수 있기 때문입니다.

수필을 하면서 우왕좌왕할 경우 그는 진정한 수필가로 볼 수 없습니다. 우왕좌왕이란 수필이 아닌 다른 장르를 한다면 보다 더 명성이 높아질 것이란 허황된 생각을 말합니다. 수필정신을 명성과 결부시킨다면 그는 차라리 불빛 찬란한 사교계에서 놀아나거나 이런저런 감투를 찾아 허덕이는 곳에서 얼쩡거리는 일이 보다 눈에 생기가 넘칠 것입니다.

경제만능시대에 수필이 돈이 된다면 금상첨화겠습니다. 그러나 경제만이 인간의 욕구를 채워주는 바로미터가 아님은 너무나 잘 아는 사실입니다. 돈이 너무 많아 삶에 지쳐 스스로 목숨을 끊는 일도 볼 수 있는 세상입니다. 수필은 그 스스로는 돈이 되지 않으면서 인간으로 하여금 때로 필요한 돈을 벌게 합니다. 수필의 아이디어가 돈의 길을 밝혀주기도 하기 때문입니다. 그러나 중이 제 머리 깎지 못한다고 하지 않습니까. 하기에 수필은 청빈淸貧이란 세계를 즐겨 짊어지는 아름다운 희생양이라고 둘러대고 싶습니다.

수필에 최선을 다하는 것은 생존을 위한 직업에 최선을 다하는 일이나 다를 바 없습니다. 운동선수가 피나는 훈련을 하듯 수필에 매달리는 자가 참다운 수필가라고 하겠습니다. 그러나 수필은 밥 먹듯이 술술 터지지 아니합니다. 수필가의 고뇌입니다.

고뇌하면서 산다는 말을 흔히 합니다. 고뇌는 생각을 낳고 생각은 수필을 낳습니다. 그런 상호관계가 삶을 더욱 부드럽고 풍요롭게 합니다.

문학의 가장 기본인 문장을 갈고 닦는 일은 수필가의 몫입니다. 그런 점 수필은 문학의 가장 요긴한 디딤돌입니다. 어떻게 놓아야 흔들림이 없는 안전한 디딤돌이 되는가를 생각하는 순간마다 수필은 새롭게 태어날 것입니다.

수필은 새로움으로 지향하고자 하는 화살표입니다. 불광불급不狂不及의 길에 화살표는 살아 번득입니다.

수다가 넋두리에게

굳이 경제적인 논리로 따지며 걸고넘어질 일은 아닙니다. 그러나 문인들이 창작하는 작품 하나하나는 그의 치열한 문학정신에 따른 결과물이기에 그를 뒷받침하는 경제적인 측면 또한 허술하게 여길 수 없습니다.

집을 짓는 건축가, 그림을 그리는 화가처럼 시를 하는 측은 시인이 직업입니다. 소설을 업으로 삼는 소설가, 수필을 업으로 삼는 수필가는 그가 정진하는 장르에서 당당한 직업인입니다. 직업이라면 가족을 부양하며 먹고 살 수입을 기대해야 하는데 문인은 그러지 못한 점이 아쉬울 따름입니다. 하기에 부업에 매달려 어느 것이 본업인지 때로는 삼삼하기도 합니다.

문인이 창작한 작품은 말을 좀 바꿀 경우 어엿한 상품입니다. 진열장 안에서 버젓이 빛을 쏘는 상품일 수 있고 길바닥에 퍼더앉은 해쑥이니 씀바귀니 하는 바구니에 담긴 한 줌에도 차지 않을 상품일 수도 있습니다.

작품 또한 여느 상품처럼 떳떳하게 팔려 문인의 처세에 도움이 되어야 맛입니다. 작품의 내용과 질을 따지며 수요자는 입맛에 맞는 품질 좋은 것을 찾아 서점가를 돕니다. 일용할 양식이나 다름없는 정신의 양식을 구하려 문학작품 주변을 어슬렁거립니다.

당연한 이야기지만 모든 일용상품은 품질을 우선시하며 수요자가 몰려듭니다. 특히 먹을거리에서는 국내산이냐 수입품이냐에 따라 구매 성향의 판도가 확연하게 달라집니다. 아무리 싼 식품이라도 수입품에는 쉽게 손을 내밀지 아니합니다. 우리 입맛은 우리 것에 있기 때문입니다.

문학작품을 상품에 비유한다는 짓이 자못 못마땅하기는 합니다. 청빈과 선비정신으로 입방아에 올리는 문인 아닌가요. 하지만 그런 미사여구로 추켜세우는 것은 문인의 힘든 처지를 위안하기보다는 알고도 모르는 척하려는 약은 말장난에 지나지 않아 보입니다.

그럼에도 창작에 전념하는 것이 문학을 바탕에 깔고 있는 문인정신입니다. 수요자에게 새로움으로 나서고자 보다 참신하고 치열한 정신으로 직조된 작품을 작품시장에 내놓으려 노력합니다. 두 번 세 번 우려낸 미지근한 국물, 남의 것을 슬쩍

색깔만 덧칠하는 작품에 대해서는 스스로 냉엄하게 가새표를 칩니다.

누구나 다 아는 소리지만 낯설게 하기는 작품의 신선도를 높이는 일에 힘이 됩니다. 어제 거리에 나왔던 상품은 이미 빛바랜 빨주노초파남보입니다. 떨이로도 팔려나가지 않은 상품은 새로 나온 상품까지를 구차스럽게 합니다.

품질이 조잡한 상품도 상품이라는 이름을 갖기는 합니다. 하기에 품질식별은 수요자 혹은 품평가의 몫이라고 하겠습니다. 수요자는 당연히 품질을 보는 법을 익힙니다. 눈으로 익히고 귀로도 익힙니다. 맛으로 익히고 냄새로도 익힙니다. 번쩍거리는 진열장 안에 보관된 상품도 겉만 번드레할 경우 속을 아는 안목에 걸려 퇴짜를 맞습니다. 길거리 장바구니에 담긴 허술한 상품이 오히려 수요자의 눈을 끌기도 합니다.

이런저런 경로를 거쳐 기성이란 딱지가 붙은 문인은 누구나 작품발표에 마음을 쓰게 됩니다. 이름이 높은 지면에 작품을 선보이고자 틈을 엿봅니다. 그로서는 그럴 수밖에 없는 새로운 도전이며 비약정신입니다. 하지만 문인의 수가 증가하는 만큼 청탁받을 기회조차 드물어집니다. 어쩔 수 없이 투고를 하는데 아무 작품에나 문호를 개방하지 않는 지면에 걸려 파투가 납니다. 하지만 그런 지면일수록 뜻밖이지만 입맛은 달게 끌립니다.

이런 사정을 기회로 삼는 상업주의자는 재빨리 또 다른 문예지를 꾸려냅니다. 발표지면을 갈구하는 문인에게는 흐뭇한 단비를 만나는 셈입니다. 작품 질의 됨됨이는 그만 두고 작품을 지면에 얹어줍니다. 그리고 당사자에게 잡지를 떠넘깁니다. 문예지를 꾸려 문학에 이바지하기보다는 생계수단으로 삼으려 합니다. 이런 점 문학인의 진정성이며 문학의 세속화라는 말을 생각하게 됩니다.

문예지의 가짓수가 늘어날수록 문인들은 환영해 마땅합니다. 그런데 사정은 그와 반대인 것 같습니다. 발표지면의 증가에 따라 일부 하고잡이는 여기저기 마구 작품을 꾸려 떨이상품처럼 내놓습니다.

문인은 누구든 그의 작품에 책임의식을 갖습니다. 누구든 스스로의 얼굴에 책임질 줄 아는 노력에 따라 그나마 선비다운 문인으로서의 체통을 지킬 수 있습니다.

그런데 순수하게 창작에만 전념하는 문인은 세상에 다소 눈이 어둡습니다. 그런 문인을 위하여 뒷바라지하는 계층도 있어야 문학사회가 제대로 설 수 있습니다. 경제지상주의 사회에서 살아남기 위해서는 최소한의 생계유지에 도움이 되는 지원책이라도 있어야 문학다운 문학이 살아 날 수 있습니다.

많은 문인이 본업이 아닌 부업으로 밥을 먹는 현실입니다. 이런 처지에 문학정신을 생각하는 일이 조금은 따분합니다.

시여 똥을 싸라

시를 두고 콩이니 팥이니 말에 토를 다는 사람은 많이 있습니다. 심지어는 시집 한 권 읽어볼 생각조차 없는 사람도 시는 무엇이다 하며 지나가는 투로 입을 댑니다.

하기에 시의 가슴은 저마다 주절거리는 입에 이리 뜯기고 저리 뜯기는 처참한 상태에 빠지기도 합니다. 그렇게 뜯길수록 시는 오히려 더 건강해짐을 볼 수 있으니 주절거림과의 끈질긴 인연이라고 하겠습니다. 시에 그다지 관심이 없는 사람도 시 속에는 무엇이 있을 것이라며 어림짐작으로 말합니다. 그 '무엇이'라는 것에 끌려 심심풀이로나마 시나 읽어볼까 하고 도시철도 승강장에 걸린 시 앞에서 우두커니 서기도 합니다.

그런데 읽어도 알 수 없는 구절에 걸려 그냥 발길을 돌립니다. 시는 귀신 씨나락 까먹는 소리다, 시는 고상한 척 멋을 부리는 자의 장식품이다, 시는 생각을 어리둥절하게 하는 호사가의 악취미다, 시는 허무맹랑한 말장난이다, 그런즉 시인은 요상한 거짓말쟁이다, 이런 생각들을 혹 가슴 깊이 깔고 있는지도 모릅니다.

시를 하면서 들을 수 있는 갖가지 언사들은 그래도 시에 관심을 가졌다는 증표이기도 합니다. 관심이 없으면 시 따위에 입을 댈 생각을 하지 아니합니다. 시인을 추방하라고 한 플라톤 역시 시에 관심을 가졌기에 시인추방이란 폭언을 거침없이 내뱉았을 것입니다.

생각해 보면 시는 똥입니다. 몸에서 빠져나가는 배설물을 시에 끌어댄다는 것은 어쩌면 시를 지나치게 비하하는 일입니다. 그러나 막혔던 시가 마음에서 빠져나갈 때의 후련함과 배설물인 똥이 몸에서 빠져나갈 때의 시원함은 엇비슷합니다. 막힌 것이 빠져나갈 때 느끼는 희열은 한 편의 시를 완성했을 때의 희열에 견줄 수 있기 때문입니다.

시는 똥이다, 이런 말이 새삼스런 것은 결코 아닙니다. 똥은 거름이 되어 인간이 필요로 하는 작물성장에 도움이 됩니다. 시는 인간정서에 거름이 됩니다. 거름이란 처지에서 볼 때 시이건 똥이건 인간에게 어떤 영향을 끼치는 건 분명합니다.

시는 돈이 되지 않는다고 경제지상주의 사회에서 주눅이 듭니다. 하지만 돈 이상의 값어치를 시가 한다면 혼자만의 착각일까요. 음악치료, 미술치료가 있듯이 시치료에 의하여 피폐한 인간정서를 보다 기름지게 할 수 있을 것이니 착각만은 아니겠습니다. 꿈에 똥을 주무르면 황금이 생긴다는 해몽을 시에 끌어들여도 좋을 성싶습니다.

그래, 시를 하면서 없는 힘이나마 내어보자는 것입니다. 남이야 뭐라고 하든 귀를 기울이지 않는 옹고집쟁이가 되자는 것입니다. 기왕 시작한 고집이니 죽이든 밥이든 끝나는 날까지 가보자는 오기로 나가는 길밖에 딴 도리는 전혀 없다는 일방적인 융통성 없는 아집에 칵 닫힙니다. 그것이 때로는 어리석고 괴로운 짓이기는 합니다. 오죽 못났으면 하필이면 그런 서투른 오기나 부리는가 하고 손가락질을 받을 것은 뻔합니다.

시는 소중한 보물이다, 하루도 만나지 않고는 배길 수 없는 가슴 태우는 어여쁜 애인이다, 이리 쓰다듬고 저리 쓰다듬으며 밤을 새도 싫증나지 않는 사랑스런 모습이다, 처음 시를 할 때의 생각은 늘 이랬습니다.

그러나 세월이 지날수록 마음의 빛깔이라는 것이 조금씩 빛을 바래는지 때로는 시에 없는 투정을 부렸습니다. 시를 만나지 않았으면 더 눈부신 일로 호의호식하면서 보다 위풍당당하게 지낼 것인데 하고 마음으로 시를 쿡쿡 쥐어박았습니다. 결별하자, 이런 생각으로 한동안 시에 눈을 두지 않았습니다.

다정하다고 하는 부부 사이도 때로는 이런저런 언성을 높이는 권태기라는 것이 있지 않겠습니까. 하지만 시와의 권태기는 그다지 오래가지 못했습니다. 뭔가 놓치고 산다는 허전한 생각이 들어 그 이유가 뭘까 하고 잔머리를 굴렸습니다. 그랬더니 아주 철저히 잊고자 했던 시의 끈이 엉뚱하게도 떠올랐습니다. 그때 탁 머리를 치는 것이 있었습니다. 시와 조금 더 가까이 지내라며 타이르는 죽비 소리였습니다. 다소 쑥스럽기는 하지만 시에게 먼저 손을 내밀었습니다. 그랬더니 마음에 따뜻한 약발이 섰습니다. 토라져 있던 시 역시 한 걸음씩 돌아와 주었습니다. 그것은 웅숭깊은 기쁨이며 소통이었습니다.

그러나 권태기라는 것을 겪은 다음 내 안에서 또 다른 이상 증후가 은근히 내다보고 있었습니다. 시에 굳이 안달복달하지 않아야겠다는 나름대로의 약은 계산이 그것입니다. 처음의 열정은 식고 이제 덤덤한 것만이 심중에 들앉아 나를 통제하고 있는 것이 보였습니다. 활화산은 언젠가 식기 마련입니다. 시에 성급하게 덤비던 활화산도 이제는 연기나 이따금 솔솔 피우는 다소 느슨한 처지로 어느새 변해버렸습니다.

그런 약은 속셈에 서둘지 말자는 생각이 눈을 떴습니다. 서둔다고 뭐가 금시 되는 것도 아닙니다. 그랬더니 세계란 것이 차차 새로운 모습으로 떠오르는 어떤 실루엣 같은 요요현상이 망막에서 일다가 사라지곤 했습니다. 길을 가도 천천히 가는 걸음에는 사방의 풍경이 조금 더 자세히 눈에 들어옵니다. 하지만 서두르며 숨 가쁘게 설치는 걸음에는 어디로 간다는 생각만이 마음속에 들앉아 주변의 것에 전혀 신경을 쓰지 못하게 합니다.

천천히 사는 것이 확실하게 사는 것입니다. 확실하다는 것에는 세계를 촘촘하게 볼 수 있는 길이 있습니다. 가령 길가에 핀 꽃송이에서 꽃의 세계를 보는 재미에 끌리기도 합니다. 꽃속에는 꽃이 가는 길이 있다, 그 길에 꽃바구니를 든 소녀가 꽃을 뿌리고 있다, 진달래로 울긋불긋하던 고향 마을이 길 너머에 보인다, 이것은 나름 새로운 세상보기라며 혼자 멋없이 들뜨기도 합니다. 서둘지 않아야겠다는 다짐이 어느새 물거품이 됩니다.

누구나 그렇지만 이렇게 꽃을 본다는 것은 꽃의 마음과 눈이 부딪치는 작은 충격입니다. 그런데 꽃의 겉모양만 볼 경우 꽃잎이 몇 개, 빛깔은 어떻고 꽃술이 어떻고 하는 것 외는 달리 볼 것도 없는 어제 보던 그대로의 꽃입니다. 하기에 꽃을 보면서 꽃그늘에 앉았다 간 사람도 떠올라 꽃을 보는 눈에 지나간 시간을 보고 읽는 새로운 감흥에 젖기도 합니다. 고향까마귀만 보아도 고향 생각에 가슴 설렌다고 하지 않습니까.

어느 한 가지에만 시선을 둘 경우 본다는 것의 의미가 제한됩니다. 시선 돌리기는 시의 주변을 보다 다양하게 표출하려는 의지이기도 합니다. 어느 한 개인의 이모저모를 알고자 할 적에도 그 개인만이 아닌 그가 처한 주위환경을 두루 살피게 됩니다. 가령 교우관계는 어떠며 특기와 취미는 어떤가 하고 그를 재어 봅니다. 그렇다고 문제가 순순히 풀리는 것은 아닙니다. 열 길 물속은 알아도 한 길도 아니 되는 사람 속은 자칫 안개 속이라고 합니다.

언젠가 티브이 화면에서 본 허리케인은 거대한 나사못이었습니다. 지상에 있는 나무며 자동차를 뽑아 다른 곳으로 옮기는 힘을 그것이 갖고 있었습니다. 건물을 뜯어 옮기고 건물 속에 숨죽이고 있는 온갖 집기什器를 끌어내어 천공으로 삐라처럼 흩뿌렸습니다. 첨단과학시대라고는 하지만 허리케인의 힘은 막지 못합니다. 안하무인인 허리케인은 세계 어느 독재자보다 더 막강한 싹쓸이를 즐기는 세도가입니다.

허리케인 속에는 변용을 시도하려는 힘이 있습니다. 그래 한다는 생각이 크든 작든 일단 허리케인이 되어보자는 약은 속셈에 솔깃해집니다. 그러면 마음 밑바닥에 갈앉아 있던 케케묵은 옹고집이 깨끗이 쓸려 나가고 텅 빈 황무지 같은 지리가 새로 생길 것입니다. 그 지리에 새로운 감각 새로운 무장武裝을 갖춘 정신으로 시의 마당에 뛰어들어 보자는 요량에 잠기기도 합니다.

김수영 시인은 "시여 침을 뱉어라."며 일갈했습니다. 그 소리에 깜짝 놀란 나는 덩달아 "시여 똥을 싸라."라고 엉겁결에 토를 달면서 바짓가랑이를 살핍니다.

허튼소리에 관한 변명

새롭다는 말은 새로움을 지각知覺하는 자에게 나타나는 사물의 무지개현상입니다. 아무리 새로운 것이 있어도 지각하지 못하면 세계는 언제나 관습에 젖은 허무한 껍데기에 지나지 아니합니다.

공짜로 오는 행운은 이 세상 어디에도 없습니다. 아는 만큼 보이고 보는 것만큼 안다는 말은 문학을 하는 길에 좋은 가르침이 되었습니다. 보고 들을 줄을 안다는 것은 세계의 내면을 알고자 하는 노력의 힘이었습니다. 그 노력에 의하여 세계의 새로운 국면과 마주칠 수 있었습니다.

가령 꽃을 보는 눈은 꽃 속의 꽃을 봅니다. 밖으로 나와 있는 꽃의 형상에서 보이지 않는 내면의 꽃을 찾는 투시력에서 새로운 꽃이 보입니다. 흔히 말하는 내면묘사란 말은 보다 깊이 꽃을 보고 꽃이 하는 귀엣말을 들으라는 가르침입니다.

시인 박형준은 "말 속에 손을 집어넣어봅니다."라고 「소묘」에서 말합니다. 형태 없는 '말'을 형태 있는 '말'로 변환시킬 줄 아는 감각과 감수성을 배우라고 「소묘」가 타이릅니다. 그 형태 속에 손을 집어넣으면 잡히는 것이 있을 것입니다.

꽃은 지금 피어 있는 상태 그대로의 꽃이 아닌 부단히 변화하는 꽃입니다. 꽃잎 하나, 꽃술 하나하나를 세상에 내놓기 위해서 수많은 손발이 꽃의 커튼 안에서 분주했을 것입니다. 그런 노력 끝에 비로소 꽃을 세상에 내놓습니다. 바깥세상의 기온과 풍력, 풍향에 귀 기울인다. 폭우라도 쏟아지면 어쩌나 하고 마음 졸일 것입니다.

한 장면의 드라마를 찍기 위해서 연기자는 물론 그 밖의 보이지 않는 많은 노력이 드라마 뒤에 깔립니다. 한 송이의 꽃을 피우기 위한 꽃나무의 노력에서 꽃은 만개하였습니다.

시는 세계의 모든 상황을 시인 혼자 통섭하는 고독한 작업이라고 합니다. 그 힘든 노력을 위안하느라고 시는 가슴이 따뜻한 손길을 갖습니다. 하지만 시는 세계를 갈기갈기 쥐어뜯는 노력으로 세계의 속사정을 깊이 보고 듣고 이를 나타내는 문학임을 자각합니다. 겉만 번드레하고 속이 텅 빈 포장에 속을 수 없는 것이 시의 세계입니다.

당연한 말이지만 시의 처방 또한 상상력이 그 주류를 차지합니다. 이미지 · 비유 · 상징 등은 세계를 새롭게 보고 쓰다듬는 처방에 당연히 힘이 되었습니다. 재생적 상상을 창조적 상상으로 몰고 가는 수레였습니다. 함으로 상상은 보이지 않는 것을 보고 들리지 않는 것을 듣는 예리한 눈과 귀의 감각단련이었습니다.

고요 속에는 고요만이 아닌 처절한 열정이 불붙고 있음을 고요가 말합니다. 그 말을 듣고 보는 감각을 당연히 가져야 했습니다. 정적의 소리가 들린다고 할 적에 시인은 이미 고요의 세계 속에서 고요를 느끼고 어루만지는 손을 갖습니다.

어느 해 늦은 가을이었습니다. 겨울바람이 넌지시 넘보고 있는 산자락을 걷다가 꺼칠꺼칠하게 꽃을 매단 벚나무를 보았습니다. 그것은 머리칼이 뭉텅뭉텅 빠진 두상을 연상케 했습니다. 기온이 조금 올라간 기척을 알고 벚나무는 계절을 착각했을 것입니다. 다시 봄이다, 어서 꽃을 피워야 한다고 서둘렀을 것입니다. 그러나 한 해에 두 차례나 꽃을 매달아야 하는 벚나무는 계절의 움직임에 조금 어리둥절했을 것입니다.

나무만이 아닙니다. 사람은 이런저런 노력과 연구로 봄에 먹을 채소를 겨울에도 먹습니다. 봄옷인지 겨울옷인지 알 수 없는 차림새로 거리를 활보하는 사람도 있습니다. 그런 사람일수록 좀 남다르게 살아보자는 속셈이라면 어떨까요. 그런 속셈에서 세계는 더욱 새롭게 피어납니다. 시 또한 좀 남다르게 튀어보자는 속셈에서 오늘의 시가 아닌 내일의 시에로 지향하고자 눈에 불을 켭니다.

나무가 그런 생각으로 꽃망울을 맺는다면 이는 이모작二毛作을 하는 농민의 노력을 닮은 셈입니다. 그러나 계절의 움직임을 따라가지 못하고 꽃망울을 터뜨리다가 그만 주저앉아야 하는 나무는 고달픕니다. 하지만 나무의 예민한 감수성은 내가 배워야 할 당연한 몫이기도 합니다.

터무니없는 발상은 때로 참신한 생각이 됩니다. 남들이 미처 생각하지 못한 이미지로 시의 세계에 신선한 바람을 일으킵니다. 그 힘은 허튼소리에도 있습니다. 어처구니없는 기발한 발상으로 사람을 어리둥절하게 합니다. 일종의 충격요법이라고 할까요.

앞서 언급한 '말 속에 손을 집어넣어 봅니다' 역시 기발한 발상입니다. 정상적인 언술이 아닌 것이 기발이라는 박수를 받습니다. 시인은 알쏭달쏭한 발상으로 독자를 낯선 세계로 끌어간다는 말에 동의하지 않을 수 없습니다. 시인은 보다 더 치열하고 기발한 아이디어로 세계를 새롭게 하고자 무슨 의무처럼 시에 매달리는 끈질긴 근성을 갖습니다.

과학적 상상력은 실용성과 현실성이 있는 증명을 요구합니다. 물은 산소와 수소의 결합으로 구성되는 것임을 알려줍니다. 그러나 시적 상상력은 가령 물을 마실 때 산소와 수소를 마신다고는 하지 아니합니다. 당연히 물을 마신다고 합니다. 그 물을 과학적 분석은 이런 저런 분자구성으로 물의 정체를 밝혀냅니다.

생활 속에 시가 있다는 말은 생활인이 시적 재능을 갖는다는 말과 일치합니다. 그것은 일상생활어가 시적 기능을 내포하기 때문입니다. 가령 '아, 아름다운 꽃'이라고 말할 때 꽃의 아름다움을 일종의 감탄어법으로 나타내고 있습니다. 그러나 과학은 그 아름다움이 어디에서 오는가를 하나하나 분석하고 해부하려 합니다. 아름다움의 요소가 될 수 있는 분자를 검토합니다. 과학적 분석 대상인 꽃은 미적 관점과는 궤도를 달리합니다. 그런 점 과학은 지성적이고 시는 감성적이라고 하겠습니다.

지성은 차고 엄정한 반면 감성은 부드럽고 온건합니다. 지성은 계산이 정확한 반면 감성은 계산을 그다지 머리에 두지 아니합니다. 이렇게 분류해 보면 지성과 감성은 따로따로 노는 것 같습니다. 하지만 태음이라는 사람의 체질에도 소음의 요소가 끼어드는 것처럼 지성의 그늘에는 감성이 스며듭니다. 때로는 시를 읽고 쓰는 과학자처럼 시인도 때로는 과학의 그늘에서 물의 분석을 읽고 뉴튼의 사과를 먹습니다.

과학 속에 시가 있고 시 속에 과학이 있다는 말을 즐겨 말할 수 있습니다. 하므로 과학은 시입니다. 동시에 시는 과학입니다. 어느 날은 화중시畵中詩니 시중화詩中畵라는 말을 중얼거리면서 그림을 감상하였습니다. 또 어느 날은 그림 전시장에서 전자회로도와 같은 구성으로 된 그림 앞에 서 있었습니다. 그림

속에서는 라디오 뉴스가 들리는 듯했습니다.

도처에 깔려 있는 시는 그러나 시를 아끼고 찾으려는 자의 눈에 뜨입니다. 박형준 시인의 표현대로 말 속에 손을 집어넣는 자에게 시는 자태를 드러냅니다. 결코 헤프지 않는 시는 그러므로 고결한 값을 갖는 정신의 보배입니다.

전철을 타고 가면서 옆자리에 앉은 사람의 말소리에서 시를 생각했습니다. 그 말소리 안에 보배가 숨어 있을 것이라는 짐작에 끌려 호주머니에서 슬그머니 볼펜을 꺼내기도 했습니다. 그러면 시의 가닥이 대충 얼굴을 드러내었습니다. 내 시는 태반이 전철 안에서 얻은 이미지로 구성된 셈입니다. 고마운 전철입니다.

과학자에게 과학이 곧 생활이듯 시인에게는 시가 생활입니다. 그런 점에서 시는 시인을 시인으로 살게 하는 기꺼운 활력소입니다.

수필의 맥을 찾아

인　　쇄 / 2011년　8월 17일
발　　행 / 2011년　8월 22일

저　　자 / 유 병 근
발 행 인 / 서 정 환
발 행 처 / 수필과비평사

출판등록 / 1984년 8월 17일 제28호
주　　소 / 서울시 종로구 익선동 30-6
　　　　　운현신화타워 빌딩 2층 208호
전　　화 / (02) 3675-5633, (063) 275-4000
팩　　스 / (063) 274-3131
E-mail / essay321@hanmail.net

값 12,000원

ISBN 978-89-5925-877-2　03810